Leonardo Boff

Sehnsucht nach dem Unendlichen

Das Buch

Die Sehnsucht nach dem Unendlichen gehört zur „Grundausstattung" des Menschen. Spiritualität bedeutet, auf die Sehnsucht des eigenen Herzens zu hören. Leonardo Boff geht dieser Sehnsucht nach: in den Mythen der Indianervölker und den Religionen der Menschheit, im Leben Jesu und im Zeugnis der modernen Wissenschaften. Spiritualität ist weit mehr als Religion: Sie durchdringt das Menschsein in all seinen Dimensionen, befreit es von Ängsten und seelischen Krankheiten und macht uns zu engagierten und achtsamen Wesen.
„Es gibt in uns ein heiliges Feuer, das von der Asche des Konsumismus, des Strebens nach materiellen Gütern und eines von den wichtigen Dingen abgelenkten Lebens in Zerstreuung überdeckt ist. Es kommt darauf an, diese Asche zu entfernen und die heilige Flamme wieder zu entfachen" (Leonardo Boff).

Der Autor

Leonardo Boff, geb. 1938, brasilianischer Theologe und Schriftsteller, Mystiker und Poet. Schon früh hat er Ökologie als zentrales Thema einer befreienden Spiritualität erkannt. Für seinen Einsatz für die Menschenrechte 2001 mit dem Alternativen Nobelpreis ausgezeichnet.

Leonardo Boff

Sehnsucht nach dem Unendlichen

Spirituell leben

Aus dem Portugiesischen übersetzt
von Bruno Kern

HERDER

FREIBURG · BASEL · WIEN

HERDER spektrum Band 6431

MIX
Papier aus verantwortungsvollen Quellen
FSC www.fsc.org FSC® C083411

Originalausgabe

www.bube.de
In die deutsche Originalausgabe flossen zwei bereits publizierte Texte des Autors ein: „Tempo de Transcendência“, Editora Vozes, Petropolis 2009 © Leonardo Boff
„Espiritualidade: caminho de realização“, Editora Vozes, Petropolis 2009 © Leonardo Boff

Für die Taschenbuchausgabe

www.herder.de

Umschlagkonzeption: Agentur RME Roland Eschlbeck
Umschlaggestaltung: Verlag Herder
Umschlagmotiv: © Getty Images
Satz: Schröder Media GbR, Dernbach

Herstellung:
CPI – Clausen & Bosse, Leck

Printed in Germany

ISBN 978-3-451-06431-9

Inhalt

ERSTER TEIL: ZEIT DER TRANSZENDENZ

ZWEITER TEIL: KONKRETE WEGE DER SPIRITUALITÄT

Erster Teil:

Zeit der Transzendenz

I. Einführung: Die Wahrnehmung der Zeit

Das Nachdenken über Zeit und Transzendenz verweist mich auf die grundlegendere Frage, die für die Denker aller Zeiten stets eine Herausforderung darstellte: Was ist die Zeit? Von den vielen Antworten auf diese Frage, die von Augustinus bis Martin Heidegger gegeben wurden, überzeugt mich keine mehr als die der literarischen Figur des argentinischen Gauchos Martin Fierro: „Die Zeit ist das Zögern dessen, was kommt."

Die Verzögerung ist subjektiv und objektiv zugleich und verweist so auf den Prozess der Verwirklichung der Zeit. Sie kommt aus der Zukunft (das, was kommt) in Richtung Gegenwart (Zögern) und verschwindet in der Vergangenheit.

Vielleicht wird sich über die Zeit niemals etwas Handfestes aussagen lassen, denn wir brauchen Zeit, um über die Zeit zu sprechen. Doch die Erfahrung des Vergehens der Dinge und unserer eigenen Vergänglichkeit verschafft uns einen Zugang zur Zeit. Innerhalb der Zeit erschließt sich die Wahrnehmung dessen, was in ihr liegt und zugleich über sie hinausführt: die Transzendenz.

Sie wird den Gegenstand unserer Überlegungen bilden, die philosophischer und anthropologischer Natur sind, aber Verweise auf die Theologie enthalten.

II. Der Protest – ein Wesensmerkmal des Menschen

Es gibt Zeit und Zeit. Für alles gibt es eine Zeit. Und alles hat seine Zeit, wie es in den Schriften der jüdisch-christlichen Tradition heißt. Deshalb gibt es auch eine Zeit der Transzendenz. Die Transzendenz ist vielleicht das innerste Geheimnis des Menschen, welches die größte Herausforderung darstellt, denn wir Menschen, Männer und Frauen, sind von Natur aus auf die Transzendenz verwiesen und deshalb stets über uns hinaus orientiert; als solche protestieren wir gegen uns auferlegte Begrenzungen. Wir protestieren gegen die Realität, in die wir gestellt sind, denn wir fühlen uns von ihr gefangen genommen und zugleich über sie hinaus verwiesen und ihr transzendent.

Wir überschreiten alle Schemata, und nichts hält uns in Zaum. Kein noch so hartes Militärregime, keine noch so schlimm wütende Naziherrschaft, kein noch so engstirniger Fundamentalismus kann den Menschen völlig gleichschalten. Immer bleibt etwas in ihm, was darüber hinaus verweist. Und es gibt kein noch so in sich abgeriegeltes Gesellschaftssystem, das keine Lücken hätte, durch die sich der Mensch Durchbruch verschafft und diese geschlossene Wirklichkeit aufbricht.

Und wenn der Mensch auch noch so sehr gefangen gehalten wird, im Inneren der Erde oder auf der einsamsten Insel – er wird selbst da diese Situation transzendieren. Denn mit seinem Denken ist er bei den Sternen beheimatet, und seine Sehnsucht ist auf andere offene Räume hin orientiert. Deshalb ist unsere Existenz zur Transzendenz, zur Freiheit und zur Überschreitung der gesetzten Grenzen verurteilt.

Als Jugendlicher war ich sehr stark von einem italienischen Philosophen beeindruckt, von dem heute wenig die Rede ist. Es handelt sich um den Italiener Michele Federico. Er schrieb ein Buch mit dem Titel „Der Mensch, dieses unstete Wesen“. Das will sagen: Der Mensch befindet sich nicht in einem permanenten Zustand des Gleichgewichts. Er befindet sich stets außerhalb der Mitte, weit entfernt von Ausgewogenheit und rechtem Maß. Das ist kein Fehler, sondern ein Wesensmerkmal.

Und wenn wir von Transzendenz sprechen, dann möchten wir genau auf diese Art von Erfahrung hinweisen. Um sie in rechter Weise zu verstehen, müssen wir unsere Begriffe einer Therapie unterziehen. Das hat damit zu tun, dass wir alle von den Religionen verdorben sind. Sie sprechen ständig von Transzendenz, doch sie vermitteln uns eine entstellte Sichtweise davon. Für die meisten Religionen war Transzendenz der Himmel, das Jenseits, das Oben, der Ort, an dem Gott mit seinen Engeln wohnt. Der Transzendenz wurde als Gegenbegriff die Immanenz gegenübergestellt. Sie war das „hier unten“, die Erde, die natürliche und menschliche Welt unterhalb des Mondes. Man hat uns die Vorstellung eingepflanzt, dass beide Sphären einander entgegengesetzt sind. Es handelt sich um zwei voneinander getrennte Welten. Und so kann der Mensch wie mit der Jakobsleiter von der einen in die andere Welt gelangen. Seine volle Verwirklichung und sein Heil verlegt er ins Jenseits, in die Welt der Transzendenz. Und nur dort konnte dies sein, denn dort lebt und regiert der transzendente Gott.

III. Die Existenz in der Geschichte als ursprüngliche Erfahrung

Wenn die Philosophen über die Wirklichkeit und die Weisen ihrer Erfahrung nachdenken, dann sagen sie uns: „All das ist Metaphysik.“ Das heißt: All das ist die Vorstellung, Objektivierung der Erfahrung, unsere kulturell bedingte Projektion. Es ist noch nicht die Wirklichkeit selbst. Die Wirklichkeit erscheint in einer anderen Dimension, und man nähert sich ihr durch eine Art von Denken, das „ursprünglich" genannt wird.

Vielleicht entstand die erste Metaphysik, die älteste Vorstellung von der Welt, die die Vorfahren von uns Menschen in der Frühzeit entwickelten, als das Bewusstsein in Erscheinung trat. Von diesem Augenblick an, der bereits etwa sieben Millionen Jahre zurückliegt, verschaffte sich die Fähigkeit Durchbruch, ein Bild von der Welt zu entwerfen und dem, was ihre symbolische Bedeutung ausmacht, immer wieder etwas hinzuzufügen. Dies vollzog sich im Inneren der religiösen Erfahrung, in Afrika, von woher wir alle stammen. Die Religionen sind Metaphysiken, Vorstellungen der Welt: Himmel/Hölle, Dort/Hier, Gott/Welt, Körper/Seele, Mann/Frau.

Nun gibt sich eine angemessenere Reflexion über diese Dinge, die zum ursprünglichen Denken – dem Nullpunkt des Denkens – vordringen will, darüber Rechenschaft, dass all dies Schöpfung des Menschen und kulturell bedingte Projektion ist. Mit dieser Feststellung laufen wir Gefahr, religiöse Menschen zu irritieren und diejenigen zu verwirren, die ihr Leben an heiligen Schriften, Lehren, Riten und alten Weisheiten orientieren.

Doch die Frage kann nicht von der Hand gewiesen werden. Es lohnt sich, danach zu fragen: Was verbirgt sich hinter den Religionen? Welche Art von Erfahrung wollen Transzendenz und Immanenz vermitteln? Gibt es etwas, was den Religionen und den Kategorien von Transzendenz und Immanenz vorausliegt?

Der Mensch verspürt den Anreiz, bis zu den Wurzeln vorzudringen. Er möchte den Dingen auf den Grund gehen, bis zu jener Quelle vordringen, aus der alles entspringt. Diese seine philosophierende Grundhaltung ist es, aus der Philosophen hervorgingen und immer noch hervorgehen, angefangen von den Vorsokratikern mehr als 600 Jahre vor unserer Zeitrechnung bis zu den heutigen Denkern im Osten wie im Westen.

Was wollen wir zum Ausdruck bringen, wenn wir von Transzendenz und Immanenz sprechen? Wir müssen zunächst diese Frage klären, um von hier aus weiterzuschreiten und viele andere Dinge zu verstehen.

Unsere grundlegende Feststellung lautet: Die ursprüngliche und grundlegende Wirklichkeit, das, was in unser aller Hände liegt und uns unmittelbar und allgemein gegeben ist, ist unsere eigene menschliche Existenz als geschichtlich verfasstes Dasein.

Versuchen wir die Begriffe ein wenig zu klären: Ex-istenz bedeutet: Wir leben nach außen (ex) hin, wir sind Wesen der Öffnung in alle Richtungen. Wir sind ein Knotenpunkt der Beziehung mit uns selbst, mit den anderen, mit der Gesellschaft, mit der Natur, mit dem Universum und mit Gott. Sich als ein Wesen der Öffnung und Beziehung zu entwerfen bedeutet, dass wir Wesen sind, die in ständigem Austausch und in ständiger Interaktion mit allem stehen, was sich uns darbietet. Auf diese Weise wachsen diese Wesen und bereichern ihr eigenes Selbstsein.

Diese Offenheit und diese grenzenlose Beziehungsfähigkeit bringen die Wirklichkeit der Transzendenz zum Ausdruck. Wir gehen über uns selbst hinaus, wir trans-zendieren.

Unsere Existenz ist „geschichtlich". Mit dem Wort „geschichtlich" wollen wir die Tatsache betonen, dass wir uns innerhalb der Zeit verwirklichen, innerhalb eines ständigen und sehr konkreten Prozesses, in einem Körper, mit einem Verstand, einem Geist, mit diesen und jenen Fähigkeiten, in einer Sprache, innerhalb einer Familie, einer Gesellschaft, einer Kultur, einem Universum, innerhalb eines bestimmten Berufs. Die grenzenlose Offenheit setzt sich also selbst Grenzen, der Knoten der Beziehung in alle Richtungen nimmt in einer konkreten Beziehung Gestalt an. Mit anderen Worten: Wir sind nicht ein für alle Mal fertig vorhanden. In den Beziehungen schaffen und formen wir unsere Wirklichkeit.

Wir werden ganz geboren, aber wir sind nicht fertig. Schritt für Schritt vervollständigen wir unser Sein innerhalb der Geschichte und im Maß unserer allseitigen Beziehungen. Deshalb gibt es eigentlich keine „Anthropologie“, sondern genau genommen nur eine „Anthropogenese“: das fortgesetzte Entstehen des Menschen.

Wenn wir von „Geschichte“ sprechen, dann wollen wir damit auf all diese konkreten Bestimmungen verweisen. Sie sind prozesshaft und dynamisch. Sie tragen zur Komposition dessen bei, was wir sind.

IV. Transzendenz – die Fähigkeit, Gebote zu überschreiten

Unsere „geschichtliche Existenz“ macht also zwei Dimensionen sichtbar: die Transzendenz und die Immanenz. Sie zeigt unsere grenzenlose Öffnung und gleichzeitig die begrenzte Konkretion dieses Offenseins.

Um diese grundlegende Wirklichkeit verständlicher zu machen, nehmen wir das Bild vom Baum zu Hilfe. Wir gleichen einem Baum. Der Baum hat eine Krone, einen Stamm und Wurzeln. Wir sind verwurzelte Wesen, die im Dunkel des Bodens nach einem Grund suchen, aus dem wir unseren Lebenssaft beziehen. Die Wurzel hält uns sicher am Boden fest und sorgt dafür, dass wir nicht abheben. Wir sind in gewisser Weise Gefangene des Bodens. Andererseits sind wir Wesen mit einer Baumkrone. Wir öffnen uns der Atmosphäre, dem Sonnenlicht, den Winden, dem Regen, den kosmischen Energien – mit einem Wort: Wir treten mit allem in Beziehung.

Als verwurzelte Wesen leben wir die Immanenz. Als Wesen mit einer Baumkrone bezeugen wir die Transzendenz. Krone und Wurzel sind Bestandteile ein und desselben Baums. So sind also Transzendenz und Immanenz Dimensionen unserer geschichtlichen Daseinsweise. Sie sind Ausdruck dessen, was der Mensch in seiner Komplexität ist, da er zugleich offen und verwurzelt, frei und begrenzt, universal und konkret ist.

Die richtige Verbindung von Wurzel und Baumkrone, des Lebenssaftes mit den kosmischen Energien erzeugt der kräftige Stamm, der in der Lage ist, Winden und Unwettern standzuhalten. Es ist unsere Lebensaufgabe, dieses Gleichgewicht zwischen Immanenz und Transzendenz zu finden.

Wenn wir einen Augenblick bei der Transzendenz verweilen - sie steht ja im Zentrum unserer Überlegungen -, wollen wir damit betonen: Wir sind Wesen, die Schranken durchbrechen, Gebote übertreten und sich über alle gegebenen Grenzen hinwegsetzen. Wenn dem so ist, dann kann das Thema Transzendenz nicht auf die Religionen beschränkt werden, nur weil diese mit dem Begriff „Gott" operieren, dessen Wirklichkeit jenseits aller Grenzen und deshalb transzendent ist. Transzendenz ist eine anthropologische Grundgegebenheit. Sie bringt unser Wesen zum Ausdruck. Sie ist allen gegeben, alle verwirklichen sich innerhalb dieser Dimension und alle stellen sie sichtbar dar.

Deshalb sind alle Zeiten Zeiten der Transzendenz. Die Zeit des *Australopithecus afarensis*, als dessen Fossil man die Überreste einer jungen Frau gefunden hat, der man den Namen Lucy gab, war Zeit der Transzendenz. An einem bestimmten Augenblick innerhalb des Prozesses der Menschwerdung hat Lucy die Wälder Afrikas verlassen, ist in die Savanne vorgedrungen und machte eine Geschichte durch, die die höheren Primaten hinter sich ließ und die Entwicklung zum *homo sapiens sapiens* und *demens demens* einleitete, zu der Gattung also, zu der wir alle gehören.

Wir wollen die Dimension der Transzendenz anhand der biblischen Geschichte von Adam und Eva konkretisieren: Sie befanden sich im Garten Eden zu Füßen des Baumes der Erkenntnis von Gut und Böse. Sie bekamen von Gott die Anweisung, niemals von seinen Früchten zu essen; ansonsten würden sie sterben.

Diese Erzählung kann entlang vieler Codes gedeutet werden. Die jüdisch-christliche Tradition spricht innerhalb ihres religiösen Codes von einer Überschreitung, welche die Ursünde darstellt und die Folgen hat: die Vertreibung aus dem Paradies, die mühevolle Arbeit und den Tod. Doch eine andere, anthropologische und philosophische Lesart entdeckt, dass hier die Transzendenz vermittels des Vollzugs der Freiheit, wie sie dem Menschen eigen ist, sichtbar wird. Adam und Eva verletzen das Gebot. Sie durchbrechen die ihnen gesetzte Grenze. Sie zahlen für ihr Tun einen hohen Preis, doch sie haben darin ihre wesentliche Wirklichkeit zum Ausdruck gebracht: Sie sind Wesen der Transzendenz. Sie verwirklichen ihr geschichtliches Dasein, selbst noch in seiner Verfallsform, in Gestalt eines von mühevoller Arbeit geprägten Lebens, aus einem irdischen Paradies vertrieben und der Angst vor dem Tod ausgesetzt. Das ist unsere aktuelle und konkrete historische Daseinsweise, unsere *Conditio humana*.

Vielleicht können Freiheit und Transzendenz am Beispiel eines Mythos überzeugend zum Ausdruck gebracht werden. Wir haben einen besonders schönen und ansprechenden Mythos ausgesucht: eine Erzählung der Karajá, eines Indianervolkes im Herzen Brasiliens*:

Als Kananciué, das höchste Wesen, am Anfang der Welt die Karajás schuf, waren sie zuerst unsterblich. Unbekümmert wie Aruanã-Fische lebten sie im Wasser und schwammen von Fluss zu Fluss und von See zu See. Sie kümmerten sich weder um Sonne und Mond noch um Pflanzen und Tiere. Angesichts der Unsterblichkeit, die sie genossen, lebten sie in ungetrübtem Glück.

Allerdings reizte sie ständig eine Versuchung: Auf dem Grund des Flusses befand sich eine helle Öffnung. Wie wäre es wohl, da hineinzuschwimmen? Oder sollte man es doch besser lassen?

Vom Schöpfer war ihnen das nämlich strikt verboten worden, und als Strafe für den Fall des Zuwiderhandelns hatte er auch gleich den Verlust der Unsterblichkeit angedroht. Also schwammen sie um das Loch herum und bewunderten das Licht, das daraus hervorstrahlte und die Farbe ihrer Schuppen nur noch kräftiger erscheinen ließ. Einige versuchten sogar ab und zu, in die Öffnung hineinzuschauen; doch die Helligkeit des Lichtes blendete sie. Insgesamt jedoch hielten sie sich treu an das Verbot.

Eines Tages jedoch brach ein vorwitziger Karajá das Tabu. Mir nichts, dir nichts schwamm er in das strahlende Loch hinein und landete am schneeweißen Strand des Araguaia-Stromes. Eine bezaubernde Landschaft bot sich ihm dar. Diese Welt sah völlig anders aus als die, die er bisher gekannt hatte! Der Himmel war tiefblau, und die Sonne strahlte, beschien alles ringsum und spendete der Umgebung eine angenehme Wärme. Bunte zwitschernde Vögel erfüllten die Luft wie mit Musik. Verschieden große Tiere in allen möglichen Farben durchstreiften friedlich eines neben dem anderen die Gefilde. Schmetterlinge flogen bald hierhin, bald dorthin von einer duftenden Blüte zur anderen, und üppige Wälder waren voller früchtebeladener Bäume.

Ganz außer sich bestaunte der Karajá-Indianer das irdische Paradies so lange, bis es Abend wurde. Als er dann endlich zurückkehren wollte, überraschte ihn ein weiteres faszinierendes Schauspiel. Hinter dem grünen Wald ging ein silberner Mond auf und beschien in der Ferne die Umrisse der Berge. Als sich dazu noch Tausende von Sternen am Himmel gesellten, war sein Staunen grenzenlos. Schließlich fragte er sich: „Was mag sich wohl hinter all den leuchtenden Häuschen verbergen? Und wer hat da wohl die vielen Lichter angezündet, dass sie so kräftig strahlen?"

Fasziniert sinnierte er so die ganze Nacht vor sich hin, bis es wieder hell wurde und der Mond verschwand. Die Sonne, die am Abend vorher scheinbar gestorben war, stand am Horizont in der Ferne triumphierend wieder auf.

Da erinnerte er sich seiner Geschwister, der anderen Fische; seine Augen strahlten noch von der Schönheit, die er gesehen hatte. Also tauchte er durch das funkelnde Loch zurück und wandte sich an seine Brüder und Schwestern mit den Worten:

„Hört mir zu, Leute! Ich bin durch das strahlende Loch getaucht. Auf der anderen Seite fand ich mich in einer Welt wieder, wie ihr sie euch überhaupt nicht vorstellen könnt. Mein Herz schlug vor Freude schneller, als ich Sonne, Mond und Sterne erblickte. Meine Augen konnten sich nicht sattsehen, als sich vor mir blühende Felder ausbreiteten und die wunderschönen Schmetterlinge vor mir herflogen. Tiere jeder Größe konnte ich in grünen und blauen Wäldern beobachten. Strände gibt es dort! Schneeweiß und mit feinstem Sand! Wir müssen mit Kananciué, der uns geschaffen hat, sprechen, ob er uns nicht doch gestattet, in die Welt dort überzusiedeln."

Auch ohne etwas von all den Begriffen zu verstehen, wurden die Zuhörer doch immer neugieriger. Auf der Stelle wollten sie es der Kühnheit ihres Karajá-Bruders gleichtun, sich gemeinsam über das Verbot hinwegsetzen und durch die verbotene Öffnung hindurchtauchen. Doch die Ältesten, weise, wie alte Leute nun einmal sind, gaben zu bedenken:

„Brüder und Schwestern, wir kommen nicht umhin, unserem Schöpfer die gebührende Achtung zu erweisen. Er meint es doch gut mit uns, immerhin hat er uns wie sich selbst unsterblich gemacht. Wir sollten mit ihm sprechen und ihn um Erlaubnis bitten." Alle, ohne Ausnahme, waren einverstanden. Also wurden sie bei Kananciué vorstellig und unterbreiteten ihm ihre offensichtlich guten Gründe, die sie für ihre Bitte hatten. Der Schöpfer hörte ihnen zu, konnte aber angesichts des Ungehorsams des draufgängerischen Karajá eine gewisse Traurigkeit in seiner Stimme nicht verbergen und gab zur Antwort:

„Ich verstehe, dass ihr durch das helle Loch hindurch in die wunderschöne Welt auf der anderen Seite wollt, in eine Welt voller Farben und mit den verschiedensten Pflanzen, Blumen, Früchten und Tieren. Dort bekommt ihr die Erhabenheit eines sternenbedeckten Himmels, eine strahlende Sonne und einen milden Mond zu sehen. Dort werdet ihr euch an den klaren Wassern des

Araguaia erfreuen und euch vergnügt an seinen strahlenden weißen Stränden aufhalten können. Was ihr aber weder kennt noch seht, ist: Die ganze Schönheit ist kurzlebig und geht rasch zugrunde, wie der Wasserfalter, den ihr kennt: Heute wird er geboren und morgen ist er tot. Nichts von dem, was es dort auf der anderen Seite gibt, ist unsterblich, wie ihr es seid. Alles dort entsteht, wächst, reift heran, altert und stirbt. Nichts, das nicht sterblich wäre ... Alles geht dem Tod entgegen – unaufhaltsam dem Tod entgegen. Und das wollt ihr auch für euch? Überlegt euch die Sache gut, bevor ihr euch entscheidet."

Keiner wagte ein Wort zu sagen. Es herrschte Totenstille. Man blickte sich in der Runde nur schweigend an. Schließlich blieben die Blicke an dem Karajá haften, der jene zauberhafte, wenn auch vergängliche Welt entdeckt hatte. Und wie gebannt von der Schönheit jenes Kosmos, die Kananciué, der Schöpfer, ihnen gerade bestätigt hatte, antworteten sie:

„Ja, Vater, wir wollen lieber sehen, wie es dort ist. Ja, wir wollen doch lieber im Paradies der Sterblichen leben."

Und ein letztes Mal wandte sich der Schöpfer an sie:

„Ich nehme eure Entscheidung an, denn Freiheit achte ich über alles. Ihr wisst, dass ihr von heute an sterblich seid. Aber frei werdet ihr auch weiterhin sein. Nur, lasst euch von niemandem die Freiheit stehlen! Ihr werdet sterben müssen, wie alles in der strahlenden Welt dort. Vergesst nie, dass ihr die höchste Gabe der Unsterblichkeit gegen das wertvolle Geschenk der Freiheit eingetauscht habt. Von nun an gehört die Geschichte euch."

Begeistert schwammen alle Karajás durch die strahlende Öffnung auf dem Grund des Flusses hindurch. Und so fanden sie sich in der Welt der Sterblichen, der kurzlebigen Schönheit und der begrenzten Freuden wieder.

Und in diesem Paradies leben sie noch heute, am Ufer des Araguaia-Stromes. So hatten die Karajás den unglaublichen Mut, sich doch lieber für die Sterblichkeit zu entscheiden, um dadurch als ganz und gar freie Wesen neu geboren zu werden. Und das sind sie bis auf den heutigen Tag.

Mit dem Durchschreiten der verbotenen Öffnung machten sie die Erfahrung der Transzendenz. Sie legten diese Dimension an den Tag, die unveräußerlich zur menschlichen Natur gehört.

V. Der Mensch als unendlicher Entwurf

Nach diesen Gedanken zur biblischen Erzählung und zum Mythos der Karajá-Indianer nehmen wir die Frage wieder auf: Was ist die Transzendenz im Wesen des Menschen? Es ist die Seite seiner Offenheit; es ist seine Fähigkeit, zu überschreiten; es ist seine Kühnheit, Verbote zu übertreten; es ist seine wesenhafte Freiheit. Diese Dimension ist mit der anderen untrennbar verbunden: Der Mensch ist ein Wesen in Raum und Zeit; er ist verwurzelt innerhalb der Grenzen der Wirklichkeit; er ist ein konkreter Knoten von Beziehungen. Beide Dimensionen machen ein und dasselbe menschliche Wesen aus. Es ist historisch und utopisch zugleich verfasst; es ist vollendet und immer noch zu entwerfen; er ist unendlicher Pulsschlag, gefangen in den Grenzen der Raum-Zeit: Er ist der Zusammenfall der Gegensätze.

Der Mensch, der zugleich transzendent und immanent ist, zwischen diesen beiden Kräften lebt, die ihn jeweils auf ihre Seite ziehen, durchlebt ein ständiges Drama. Wie kann man beiden Bestimmungen zugleich gerecht werden: der einen auf den Himmel gerichteten, der anderen zur Erde orientierten; der einen in Richtung Berggipfel, der anderen zum tiefen Abgrund hin?

Daraus entspringt die folgende existenzielle Erfahrung: Nur wenn man aus sich selbst heraus und auf den anderen zugeht, bleibt man wirklich bei sich zu Hause; man ist nur dann wirklich daheim, wenn man sich für den anderen öffnet und mit ihm in ein Verhältnis des Austauschs tritt. Und nur, indem man gibt, empfängt man auch.

Zusammenfassend können wir sagen: Der Mensch entdeckt sich selbst als einen unendlichen Entwurf (Transzendenz), der sich im Begrenzten und Endlichen verwirklicht (Immanenz).

Wenn man das voneinander trennt, was die geschichtliche Existenz immer miteinander vereint, wenn man die Dimensionen verdinglicht, dann betreibt man Metaphysik, das heißt, man schafft Projektionen, die vergessen lassen, dass sie Projektionen sind, weil wir sie mit der Wirklichkeit selbst gleichsetzen.

Um ein Beispiel zu geben: Wir machen uns stets irgendein Bild von Gott. Doch Gott selbst ist keines der Bilder. Das Bild von Gott mit Gott selbst gleichzusetzen, heißt: einem Irrtum zu unterliegen oder Götzendienst zu betreiben. Deshalb verbietet es die Bibel, sich Bilder von Gott zu machen, damit wir keine Götzendiener werden und vielmehr Gott Gott sein lassen, das heißt eine Wirklichkeit, die alle Bilder übersteigt. Wenn wir die Transzendenz als etwas auffassen, was im Jenseits und auf der anderen Seite der Welt existiert, wenn wir die Immanenz als etwas bloß Gegebenes, in sich Abgeschlossenes betrachten, das keine Offenheit kennt und auf sich selbst beschränkt ist, dann betreiben wir Metaphysik. Die Metaphysik zu überwinden heißt, sich zu bemühen, Immanenz und Transzendenz als Ausdrucksweisen des einen menschlichen Wesens zu begreifen: mit unendlicher Offenheit, die nach einer Konkretion verlangt; in einer Konkretheit, die nie in sich selbst verschlossen, sondern stets für neue Entwicklungen und Bereicherungen offen ist.

Daraus ziehen wir folgende Schlussfolgerung: Der Mensch lässt sich niemals durch irgendeine Lebensordnung, durch irgendein Wirklichkeitsverständnis, durch irgendeine Religion, eine Gesellschaft oder eine Definition eingrenzen. Obwohl er immer in konkreter Weise existiert, überschreitet er die Grenzen nach allen Seiten hin. Ihm ist alles zu klein. Er hat nicht einmal im Universum Platz. Er transzendiert es. Er ist auf der Suche nach jener Energie, die allem seinen Ursprung gibt und alles erhält. Er will ihr begegnen, mit ihr in Dialog treten, in Gemeinschaft mit ihr sein und – wer weiß? – sich in sie versenken.

Heute, in jener historischen Phase, die wir als „Eisenzeitalter der Globalisierung" bezeichnen können, weil sie überwiegend ökonomisch-finanziell geprägt ist, erleben wir das Reich der in sich verschlossenen, verdinglichten, in Konsumprodukten materialisierten und in Bildern konservierten Immanenz, die uns von unserer wahren geschichtlichen Existenz ablenken soll. Es herrscht ein Denken vor, das keine Alternativen zulässt, es hat sich eine Produktionsweise durchgesetzt, die sich selbst für die einzig richtige hält, es grassiert ein Verständnis von der Welt, das sich als das einzig legitime präsentiert. Diese armselige Sichtweise ist mit der Wirtschafts- und Finanzkrise seit September 2008 in sich zusammengestürzt. Die Unrichtigkeit dieses Denkens, das sich selbst als einzig gültiges wähnt, des Monopolanspruchs und des Immanentismus, der jede Transzendenz zu ersticken versucht, wurde entlarvt. Es wird niemals gelingen, die Transzendenz zu ersticken, denn eine Transzendenz, die sich auf diese Weise abtöten lässt, ist nie eine solche gewesen. Wenn sie wirklich wesenhaft ist, dann heißt das, dass sie niemals aufhören wird, präsent zu sein, selbst wenn sie verleugnet oder vergessen wird. Sie tritt immer in Erscheinung, wenn auch in entstellter Form.

Millionen von Menschen leisten Widerstand, widersetzen sich und rebellieren im Namen der Transzendenz. Im Namen dieser lebendigen Transzendenz wurde seit dem Jahr 2001 das Weltsozialforum ins Leben gerufen; es begann in Porto Alegre, breitete sich dann über die ganze Welt aus, und seine Botschaft lautet: Eine andere Welt ist möglich und notwendig. Wir sind nicht dazu verdammt, immer nur das gleiche Gesellschaftsmodell zu wiederholen, wir können vielmehr Welten erfinden, die bis jetzt noch nicht ausprobiert worden sind, die aber integrierenden Charakter haben und unserer menschlichen Realität angemessener sind.

Wir müssen also auf Systeme achten, die uns in ein Schema pressen wollen, sei es in Formen der Familie, der Schule, der Konsumgewohnheiten, einer einheitlichen Weise, zu empfinden und die spirituelle Dimension zu leben. Lassen wir uns nicht auf das Mittelmaß herabstutzen, bewahren wir uns unsere Größe, unsere Fähigkeit zum Adlerflug, unsere natürliche Anlage zur Transzendenz.

VI. Bevorzugte Orte der Transzendenzerfahrung

Die Transzendenz ist eine Dimension des Menschseins, und deshalb ist sie stets anwesend und verwirklicht sich in dem Maß, in dem auch das Leben wächst. Doch es gibt einige zentrale existenzielle Orte, in denen sich die Erfahrung der Transzendenz, des Überschreitens, verdichtet und sich deutlicher zeigt.

Eine der grundlegendsten Erfahrungen der Transzendenz ist die des Sich-Verliebens. Wenn sich eine Person in eine andere verliebt, wird die andere zu einer Art göttlichem Wesen und bekommt eine Ausstrahlung und Energie verliehen, die die Anthropologen „Mana" nennen. Keine Mühen werden gescheut, um diese Person zu sehen. Die Wartezeit kommt einem wie eine Ewigkeit vor. Und wenn man sie trifft, dann macht man eine Erfahrung des völligen Aus-sich-Herausgehens auf den anderen zu. Es ist dies die Kontemplation, die Ekstase und die Vereinigung.

In seinem Roman Dom Casmurro beschreibt Machado de Assis das Phänomen des Verliebtseins am Beispiel von Bentinho und Capitu:

In jenem Moment bedeutete er mir so viel wie die ewige Wahrheit, die ewige Güte und alle anderen ewigen Tugenden. Ich liebte

Capitu und sie liebte mich! Meine Beine gingen auf und ab, blieben stehen und zitterten in der Gewissheit der neuen Welt, die sich in mir erschloss. Dieses erste ungestüme Wallen des Blutes, dieses Sichbewusstwerden kann ich niemals vergessen. Ich habe nie wieder ein ähnliches Gefühl kennengelernt. Es war das schönste Gefühl, das es geben konnte, denn es war meins, und es war das erste Gefühl dieser Art![1]

Dies ist eine sehr einfühlsame Beschreibung einer Transzendenzerfahrung, der Erfahrung der Begegnung zweier Menschen, die sich ineinander verlieben und die Liebe entdecken – eine Erfahrung, die das Bewusstsein und das Leben auf den Kopf stellt.

Als Höhepunkt dieser Erfahrung der Liebe, als Ort der Transzendenz tritt die sexuelle Intimität in Erscheinung. Wenn diese von gegenseitiger Liebe durchdrungen ist, dann wird die Zeit unwichtig, und beide verlieren sich ineinander. Das ist eine Erfahrung der vorweggenommenen Ewigkeit. Wenn die Mystiker ihren Sprung ins Innere Gottes zum Ausdruck bringen wollen, dann nehmen sie das Bild von der hochzeitlichen Vereinigung „des in der Geliebten verwandelten Geliebten" zu Hilfe, wie es Johannes vom Kreuz so schön formuliert.

Von einem anderen Ort der Transzendenzerfahrung, der Erfahrung des Über-sich-Selbst-Hinausgehens, gibt die Volkskultur Zeugnis. Ihr kommt eine besondere Bedeutung zu, weil sie in einer im Allgemeinen inhumanen Situation gemacht wird, in einer Situation des Hungers, des Elends, der Zerstörung eines jeden utopischen Horizonts durch das Empfinden, dass sich im Grunde nichts verändern wird. Und trotzdem, ja gerade deswegen, bricht sich auch hier die Transzendenz Bahn. Es sind dies die Zeiten der Volksfeste, der Schutzheiligen wie dem Senhor Bom Jesus von Bahia oder der Meeresgöttin Lemanjá, zum Jahreswechsel. Oder unter der Anhängerschaft einer Fußballmannschaft oder bei der Weltmeisterschaft. Wenn das Team den Pokal hochhebt, dann ist die Freude überschäumend, dann schreit man laut und umarmt sich innigst. Es herrschen Freude und Siegestaumel. Man erlebt die mythische Zeit der Dauer und nicht die mit der Uhr gemessene Zeit, deren Minuten gleichmäßig verrinnen.

Für viele Menschen ist der Karneval eine besondere Zeit der Transzendenzerfahrung. Die Karnevalisten haben sich ein ganzes Jahr lang vorbereitet, sie haben aus den schönsten Fantasien Kostüme genäht, die Motivwagen gemacht und für mitreißende Musik gesorgt. Dieser Moment des Karnevalszuges und des Tanzes (sei es nun der Samba oder Frevo[2] oder eine andere volkstümliche Musik) versetzt die Menschen in eine verzauberte Welt, wo die Konflikte verschwinden und der Glanz des mit sich selbst versöhnten Lebens regiert. Einmal konnte ich etwas erleben, was von den Medien ausgiebig kommentiert wurde und den Einbruch der Transzendenz beispielhaft augenfällig macht: Eine recht große Gruppe von Bewohnern eines Armenviertels (einer Favela) in Rio de Janeiro beschloss, ein Shopping-Center zu besuchen. Sie hatten so vieles im Fernsehen gesehen, und all das wurde dort drinnen zum Kauf angeboten. Sie kamen so, wie sie eben waren, in schmutziger und übel riechender Kleidung. Und so gingen sie auf Einkaufstour. Interessanterweise ereignete sich eine zweifache Transzendenzerfahrung.

Die erste machten die Mitglieder des Armenviertels selbst. Angesichts des Ambientes, eines wahren Konsumtempels, einer paradiesischen Oase von Produkten ohne all die Widersprüche der Armut, kamen sie aus dem Staunen nicht heraus. Viele von ihnen riefen aus: „Nie zuvor haben wir so etwas Schönes gesehen! Es ist ein Traum, schade, dass all das nur für wenige da ist.“ Sie machten eine Erfahrung der Transzendenz, der Überschreitung, vor dem Hintergrund der Welt voller Melancholie und Elend, in der sie lebten.

Die zweite Erfahrung machten die Ladenbesitzer und Kunden. „Wie ist es möglich, dass diese Leute hierherkommen ... Sie werden uns sicher überfallen und ausrauben.“ In Wirklichkeit wollten sie aber nur einmal ein Shopping-Center besuchen. „Sie sind wie Außerirdische von einem anderen Planeten ... Sie gehören nicht zu uns ... Sie produzieren nichts, wie können sie also konsumieren?“ Und einige begannen, vor lauter Angst ihre Türen zu verschließen. Dies war eine negative Transzendenzerfahrung, von der Rückseite der Wirklichkeit her.

Eine Transzendenzerfahrung ereignet sich auch anlässlich von großen musikalischen Ereignissen mit berühmten Sängern, großen Orchestern und gut gemachten Inszenierungen. Die Menschen werden über ihren Alltag hinweggetragen. Sie machen die Erfahrung der Begeisterung, manchmal auch der Ekstase. Wenn die Schönheit uns überwältigt, wie zum Beispiel beim Feuerwerk am Strand der Copacabana zum Jahreswechsel mit den fantastischsten Farben und Figuren und bei einer Menschenmenge von zwei Millionen Leuten, die einander nicht kennen und sich dennoch begeistert in die Arme fallen, dann weinen wir einfach vor Freude und Rührung. So muss es sein, wenn Gott jede einzelne Person in den Himmel aufnimmt: bei einem Fest, mit Feuerwerk, Lichtern und unbeschreiblicher Freude.

Ein anderes Mal ist es ein schöner Film, der in uns eine Transzendenzerfahrung hervorruft. Der Film „Das Leben ist schön“ von Benigni gehört zu dieser Art von Filmen, die eine Transzendenzerfahrung in uns wachrufen. Er zeigt den Schrecken eines Konzentrationslagers der Nazis in Italien, Gewalt, Misshandlungen und zutiefst Unmenschliches. Inmitten dieser Hölle träumt ein Kind davon, dass es am Ende eines seltsamen Spiels, in dessen Verlauf täglich neue Dinge erobert werden müssen, einen echten Panzer als Geschenk bekommt. Logisch gedacht ist dies ein unmöglicher Traum. Doch der Vater des Kindes schafft jeden Tag von Neuem fantastische Situationen, damit das Kind nicht zu träumen aufhört und auf diese Weise die entmenschlichenden Stationen dieses Kreuzwegs ertragen kann. Bis dann der Tag des siegreichen Einmarsches der Alliierten und der Flucht der Nazis kommt: Als Erstes kommt ein Panzer. Das Kind stellt sich vor ihn hin und meint, dies sei nun sein Geschenk. Der amerikanische Soldat hebt den Kleinen hoch und nimmt ihn mit in das Innere seines Geschenks, das nun nicht mehr nur in der Vorstellung existiert. Dies ist der Augenblick der Transzendenzerfahrung für das Kind. Diese Erfahrung erhält noch eine besondere Dichte, als der Junge unter der Schlange der aus dem Lager Befreiten die eigene Mutter entdeckt. Wer kann da noch die Tränen zurückhalten?

In diesem schrecklichen Zusammenhang kommt mir die Gestalt von Rudolf Höß in den Sinn, des Lagerkommandanten im Vernichtungslager Auschwitz. Seinen eigenen Berechnungen zufolge, die er in seinen vor seiner Hinrichtung geschriebenen autobiografischen Notizen selbst anstellt, hat er ca. zwei Millionen Juden in die Gaskammern geschickt. Er tat dies ohne jegliche Gewissensbisse. Er gehorchte den Befehlen des „Führers", und dieser, so hieß es damals, „hat immer recht". Die Beschreibungen der unter seinem Befehl begangenen barbarischen Gräueltaten sind kalt und von einer Grausamkeit, die die Grenzen dessen überschreitet, was menschliches Empfinden ertragen kann. Er bestätigt die These Hannah Arendts von der „Banalität des Bösen" während der Nazizeit. Er hat sich mit ausgesuchter Grausamkeit und Kaltblütigkeit die größten Verstöße gegen die Menschenwürde zuschulden kommen lassen, ohne dabei irgendeine Empfindung zu zeigen. Dies erinnert uns an die Worte Blaise Pascals: „Wir tun das Böse niemals vollkommener als dann, wenn wir es guten Willens tun."

Doch auch für das Böse gibt es Grenzen. Selbst Höß bekennt schließlich, dass er seit Beginn der Massenvernichtungen nicht mehr glücklich sein konnte, auch nicht für sich allein. Das Leben verfügt über eine ihm zuinnerst eigene Heiligkeit. Wer diese auf systematische Weise verletzt, verliert das, was es ihm immer umsonst gegeben hat: das Gefühl der Zufriedenheit und des Glücks.

Er selbst erzählt in seiner Autobiografie, dass etwas passierte, was diesen kleinen Rest von Menschlichkeit (wir könnten auch sagen: Transzendenz), der sich unter dem Deckmantel seiner Unmenschlichkeit verbarg, berührte:

Kalt und herzlos musste ich scheinen, bei Vorgängen, die jedem noch menschlich Empfindenden das Herz im Leibe umdrehen ließen. Ich durfte mich noch nicht einmal abwenden, wenn allzu menschliche Regungen in mir hochstiegen. Musste kalt zusehen, wie die Mütter mit den lachenden oder weinenden Kindern in die Gaskammern gingen. – Einmal waren zwei kleine Kinder so in ihr Spiel vertieft, dass sie sich absolut nicht von ihrer Mutter davon wegreißen lassen wollten. Selbst die Juden des Sonderkommandos wollten die Kinder nicht aufnehmen. Den um Erbarmen flehenden Blick der Mutter, die bestimmt wusste, was geschieht, werde ich nie vergessen. Die in der Kammer wurden schon unruhig – ich musste handeln. Alles sah auf mich – ich gab dem diensthabenden Unterführer einen Wink, und er nahm die sich heftig sträubenden Kinder auf die Arme und brachte sie mit der herzzerbrechend weinenden Mutter in die Kammer. Ich wäre am liebsten vor Mitleid von der Bildfläche verschwunden – aber ich durfte nicht die geringste Regung zeigen.[3]

Wir haben es hier mit dem Hereinbrechen der Dimension der Transzendenz zu tun, die untrennbar zum Wesen des Menschen gehört. Selbst inmitten größter Unmenschlichkeit zeigt sie sich noch in Form von schlechtem Gewissen und Gewissensbissen. Die Transzendenz zeigt sich auch in der Begegnung mit Menschen. Es kann sein, dass man in einer schweren Lebenskrise steckt. Der Berg von Problemen lässt einen nicht mehr klar sehen, und man weiß nicht, welchen Weg man nun einschlagen soll. In einem solchen Moment kann einem jemand begegnen, der einem die richtigen, wegweisenden Worte sagt, der einem ein Licht anzündet, einem die Hand auf die Schulter legt und einen Weg aufzeigt. Nicht wie ein Meister, der sagt: „Geh dorthin", sondern wie einer, der den Meister in einem selbst weckt und einem hilft, selbst den Weg zu wählen.

Diese Person, die sich immer wieder in einen anonymen Meister verwandelt oder in einem den eigenen schlafenden Helden weckt, vermittelt einem die Erfahrung der Faszination und Verehrung.

Ich konnte Dom Hélder Câmara, den Propheten der Armen und den Heiligen der Dritten Welt, noch wenige Wochen vor seinem Tod in seinem armseligen Häuschen gleich bei der Kirche am Stadtrand von Recife besuchen. Uns verband eine langjährige Freundschaft, weil er die Theologie der Befreiung gut verstanden hatte und stets unterstützte. Als ich ankam, sagte mir die Ordensschwester, die sich um ihn kümmerte: „Sieh mal, Dom Hélder war sehr müde und ist schlafen gegangen. Wenn du willst, dann zeige ich ihn dir, wie er schläft. Ich trat tatsächlich ein. Es war eine große Überraschung. Ich blieb etwa zehn Minuten drinnen, war still und betrachtete dieses kleine schlafende Vögelchen in seinem weißen Habit. Er sah aus wie ein Gandhi, als er so dalag, mit seinen schmalen Beinen, die unter der Decke hervorkamen, und tief atmend. Und ich war fasziniert, denn um ihn herum war eine solche Ausstrahlung spürbar, eine solche Leichtigkeit, eine solche Atmosphäre der Heiligkeit, so viel Transzendenz, dass es einem wie etwas Wunderbares vorkam, das sich hier zeigte. Voller Respekt verabschiedete ich mich in der Art der Indianer, ging leise wieder hinaus und sagte: „Das war das längste und tiefste Gespräch von all den Gesprächen, die ich jemals mit Dom Hélder hatte." Ich möchte diesen Eindruck von ihm behalten: diesen Schlaf eines Propheten, eines Gandhi, eines Friedensengels.

Es gibt Menschen, die genauso inspiriert sind wie Dom Hélder. Das kann der Großvater oder die Großmutter sein, ein Onkel, der sehr viel durchgemacht hat und viel Erfahrung gesammelt hat, ein enger Freund oder eine vertraute Freundin. Manchmal sind es ganz einfache Leute aus unserer Umgebung, Verkäufer, Friseurinnen ... Ich selbst habe einige Freunde aus dem einfachen Volk, deren Intelligenz und Lebensweisheit ich für außergewöhnlich halte. Sie sollten an den Universitäten oder in der Öffentlichkeit sprechen, und die anderen sollten nur zuhören und von dem Wissen lernen, das „aus gemachter Erfahrung" heraus entstanden ist, wie es unser größter Dichter Luiz de Camões sagen würde.

Martin Heidegger, den ich für den herausragendsten Philosophen des 20. Jahrhunderts halte, obwohl er am Anfang ein Anhänger der Naziideologie war, wollte Freiburg im Breisgau nicht verlassen. Es fehlte ihm nicht an Berufungen auf bedeutende Lehrstühle. Aber hier hatte er wichtige Gesprächspartner, mit denen er sich auf seiner Berghütte unterhielt. Er sagte, dass hier die ursprünglichen Denker wären, die man mit den Vorsokratikern vergleichen könnte. Er sprach dabei von einfachen Bauern und Waldarbeitern. Sie waren von der Metaphysik der Kirchen oder Universitäten nicht verdorben. Sie hatten noch festen Boden unter den Füßen und waren der Wirklichkeit verbunden. Sie lebten die tiefe Gemeinschaft mit der Erde, ohne Distanz, ohne Vorbehalte, vollkommen eins mit ihrer Welt. Dies waren für Heidegger die Hauptgründe, um in der Provinz zu bleiben. Hier strahlte das Denken von seinem Nullpunkt her aus, in ursprünglicher Gestalt – die Transzendenz, die sich nicht in Gedanken und Rechtfertigungen verliert, wie es auch in diesem Buch der Fall ist.

VII. Die Vermarktung der (Pseudo-)Transzendenz

Alles, was gesund ist, kann auch krank werden. So gibt es auch eine Krankheit, die die Transzendenz betrifft und die ich Pseudotranszendenz nennen will. Sie gibt sich als Transzendenz aus, doch in Wahrheit ist sie ihr Zerrbild. Sie wird durch Marketing, durch das Showbusiness und andere Formen der Unterhaltungsindustrie bewusst produziert. Die jungen Mädchen werden schier verrückt, wenn ihr Idol erscheint. Sie wollen es anfassen, und einige fallen in Ohnmacht. Es gibt Fernsehstars, die die Zuschauer fesseln können. Sie werden zu Meinungsmachern, prägen Verhaltensweisen und werden für die Zuschauer Vorbilder, denen man kritiklos begegnet. Das ist besonders bei den Pfingstkirchen mit ihren feurigen Predigern der Fall. Mit ihren Versprechen von Heilung und Wohlstand versetzen sie ihr Publikum in einen Taumel, in Ergriffenheit und religiöse Ekstase.

Ich glaube, dass solche Phänomene, die die Erfahrung der Transzendenz pervertieren, in Wahrheit wie Falschgeld funktionieren. Sie ermöglichen ein Loskommen von sich selbst, das eben nicht die tiefste Identität des Menschen als des Wesens eines unendlichen Entwurfs und Knotenpunktes von Beziehungen stärkt. Es ist der Herrschaftsbereich der Metaphysik, das heißt der eingebildeten Wirklichkeit, die durch die Medien, die im Allgemeinen der Logik des Kapitals, also des materiellen Gewinns, gehorchen, produziert und entworfen wird. Sie ist von einem solch armseligen Niveau, dass sie der Wirklichkeit Gottes unwürdig ist. Womit wir es am meisten zu tun haben, ist die Sünde gegen das zweite Gebot: Du sollst den heiligen Namen Gottes nicht missbrauchen.

Ich glaube, dass eine der niedrigsten Formen der Pseudotranszendenz durch Drogen geschaffen wird. Sie ermöglichen eine Fantasiereise, ein Entfliehen von sich selbst in Richtung auf eine Leere. Dieses Aus-sich-Herausgehen ist nicht das Ergebnis eines Lebenswegs oder einer Spiritualität. Es wird auf kurzem Weg mit Hilfe der Chemie erzeugt. Durch die Droge werden alle Grenzen durchbrochen. Man durchlebt eine Pseudoerfahrung der Allmacht, die aus den engen Grenzen des menschlichen Daseins mit seinem grauen Alltag befreien zu können vorgibt. Das Problem der Droge besteht nicht in der Reise – der Pseudotranszendenz – selbst, sondern vielmehr in der Rückkehr und der Konfrontation mit dem Alltag und seinen unvermeidlichen Unannehmlichkeiten wie zu arbeiten, früh aufzustehen, im Stau zu stehen, Rechnungen zu bezahlen. Das ist Immanenz in ihrer brutalen Form.

Von einer im guten Sinn gelebten und in die Ganzheit des Lebens integrierten Transzendenz wird diese Art von Immanenz fröhlich angenommen und ertragen. Andernfalls ist man versucht, davonzugehen, aus diesen Grenzen mit Hilfe einer Droge auszubrechen, um den Preis, dass man seine eigene Freiheit und selbst das Leben zerstört.

Das Kriterium für eine Transzendenz, die das Wesen des Menschen verwirklicht, ist die Fähigkeit, die Freiheit zu steigern und die Beschränkungen des menschlichen Daseins, besonders den trüben Alltag, anzunehmen. Die Pseudotranszendenz stellt ein Alibi dar, eine Art Flucht oder einen Prozess, in dessen Verlauf man Menschen oder Situationen zu Fetischen macht. Dies kann in Gestalt einer Religion, in Form von Meditationsmethoden, der Rezitation von bestimmten Gebeten oder Wunder verheißender Diäten geschehen. In solchen Situationen ist es angebracht, zu prüfen, ob all das die Wahrnehmung unserer tiefen, transzendent-immanenten, verwurzelten und immer offenen Wirklichkeit erweitert. Wir leben nicht nur transzendierend in einer poetischen, sondern auch wirklichkeitsverhaftet in einer prosaischen Welt.

Die Integration dieser Pole macht uns sensibler für die anderen mit ihren Licht- und Schattenseiten; sie verleiht uns mehr Mitgefühl für ihre Grenzen, sie macht uns solidarischer mit ihrem Schmerz und macht uns fähiger zur Liebe, einer Liebe, die uns die Kraft verleiht, aus uns selbst herauszugehen und uns selbst zu überschreiten.

Die Pseudotranszendenzen nutzen diese Dimension des Menschen aus, doch sie verleihen ihm nicht die Erfahrung einer dauerhaften Erfüllung. Die Reise kann kein von der Chemie erzeugter Effekt sein, sondern sie ergibt sich aus dem Hören auf das eigene Selbst im Verlauf eines längeren spirituellen Weges, auf dem die inneren Dämonen nach und nach gezähmt und deren Energien für die Reifwerdung und eine umfassendere Erfahrung unserer Pilgerschaft auf dieser Welt kanalisiert werden. Diese inneren Dämonen werden nicht einfach verschwinden, doch sie werden aufmerksam bewacht, damit sie nicht die Oberhand gewinnen oder unser Bewusstsein völlig durchdringen; sie sollen vielmehr der Hintergrundschatten sein, vor dem das Licht umso mehr Leuchtkraft gewinnt, jene Kraft der Gesundheit, die die Krankheit heilt und dem Leben seine Ausstrahlung verleiht. Dies ist die Erfahrung einer fruchtbaren Transzendenz, die wahrhaft menschlicher macht.

VIII. Sehnsucht und Transzendenz

Wir wollen unsere Überlegungen zur Transzendenz durch das Thema Sehnsucht bereichern. Wir sind alle Wesen voller Sehnsucht. Vielleicht ist Sehnsucht, Verlangen und Begehren die unmittelbarste und zugleich tiefste Erfahrung unserer selbst. Sowohl für Aristoteles als auch für Augustinus und Freud war das Begehren die Grundlage, um den inneren Antrieb des Menschen zu verstehen.

Unsere grundlegende Struktur ist aus Sehnsucht und Begehren gebildet. Es ist ihrer Dynamik eigen, dass sie keine Grenze kennt. Denn wir sehnen uns nicht einfach nach diesem und jenem. Wir begehren alles. Wir begehren die Unsterblichkeit. Wir wollen nicht einfach nur lange leben. Wir wollen für immer leben. Und wir sind natürlich frustriert, denn das Realitätsprinzip verweist uns darauf, dass wir sterblich sind. Denn wir sterben langsam nach und nach, in Raten, jeden Tag ein bisschen, bis wir diesen Sterbeprozess schließlich vollendet haben.

Doch unsere Sehnsucht ist stets neu, sie will stets leben, will immer mehr, will den Tod überwinden. Die Pseudotranszendenz manipuliert diese Struktur der Sehnsucht, sie lenkt die ganze Dynamik der Sehnsucht auf eine einzige Sache, auf einen Teil, den sie für das Ganze ausgibt.

Wer zum Beispiel die Marlboro-Werbung sieht, der gewinnt fast den Eindruck, dass es sich hierbei um ein Sakrament der katholischen Kirche handelt. Der katholischen Lehre zufolge, wie sie im Katechismus steht, wirkt ein Sakrament *ex opere operato*, das heißt aus sich selbst heraus, verlässlich, unabhängig von der subjektiven Disposition der beteiligten Personen. Das bedeutet: Wer Marlboro raucht, der ist immer in Gesellschaft von schönen Frauen, fährt einen tollen Ferrari und fährt durch eine herrliche Landschaft. Die Zigarettensorte Marlboro will diese Erfahrung der Erhabenheit und Besonderheit vermitteln.

Doch es kommt vor, dass die hübschen und intelligenten Mädchen den Rauch und auch den, der in ihrer Nähe raucht, nicht ausstehen können. Die Ferraris werden mit „gewaschenem" Geld aus dem Drogenhandel gekauft. Diese Erfahrungen der allerschönsten Frauen und Landschaften existieren nur in der Fantasie. Sie erzeugen eine Illusion von der Wirklichkeit. Die Zigarette wird zum Fetisch gemacht durch die bewusste Täuschung, die vorgibt, wenn man diese Zigarettensorte raucht, dann stellt sich das Glück automatisch ein. Das Glück wird mit dem Besitz eines Gegenstandes gleichgesetzt, der sich als das große und einzige Objekt präsentiert, während er doch nur einer unter vielen ist.

Die Sehnsucht erschöpft sich nicht in diesem oder jenem, dieser oder jener Wirklichkeit wie etwa einer Zigarettenmarke, einem Berg oder einem Theaterstück, der Veröffentlichung eines Buches oder der Eroberung einer wunderschönen Frau. Der Sehnsucht genügt nur das Sein selbst, und nicht irgendein Seiendes. Sie will das Ganze und nicht nur einen Teil. In unserer Sehnsucht müssen wir von den Teilen ausgehen, aber weiterschreiten und zum Ganzen gelangen.

Das verborgene Objekt der menschlichen Sehnsucht ist also nicht dies oder jenes, eine bestimmte Art von Leben, sondern vielmehr die Totalität und die Fülle des Lebens.

Wir leben im Endlichen. Alles, womit wir zu tun haben, ist begrenzt. Doch unsere Sehnsucht ist grenzenlos und unendlich. Das haben die klassischen Denker immer gesagt, und Freud hat es mit Hilfe der Psychologie nachgewiesen.

Um mit der Transzendenz in Übereinstimmung zu bleiben, müssen wir unsere unendliche Offenheit aufrechterhalten. Wenn wir den Teil mit dem Ganzen gleichsetzen, das Sein mit einer der Konkretionen des Seins, die wir Seiendes nennen, dann erliegen wir der Illusion des Fetischs, der Täuschung der Vergöttlichung, dem Verharren im Götzendienst und dem Gefühl der Leere und Frustration.

Eine der wichtigsten Aufgaben der kritischen Vernunft ist es, die Metaphysiken zu „dekonstruieren“, die Vorstellungen zu entlarven, die im Interesse von bestimmten Gruppen entwickelt wurden, und den Menschen mit seiner wahren Wirklichkeit zu konfrontieren, die immer transzendent und immanent zugleich ist und seine Ex-istenz in der Geschichte ausmacht.

In einer anderen Metaphorik könnten wir sagen, dass der Mensch immer zwei Dimensionen in sich vereint: das Symbolische und das Dia-bolische. Es handelt sich dabei nicht um Defizite, sondern um Kennzeichen unserer konkreten Situation. In der Sprache der Theologie der Zeit bei Augustinus würde man sagen: Jeder Einzelne ist Adam und Christus zugleich. Man kann auch sagen: Die Kirche ist Dirne und Jungfrau zugleich, eine „keusche Dirne". Sie ist eine Dirne, weil sie der Schwerkraft der Sünde unterliegt. Und sie ist Jungfrau, weil sie, wenn ihr vergeben ist, ihre Treue als Braut von Neuem zu leben beginnt.

Ich selber habe die Metapher vom Adler und vom Huhn benutzt, um die konkrete Verfasstheit des menschlichen Daseins, die Conditio humana zwischen Transzendenz und Immanenz, zum Ausdruck zu bringen.[4] Wir sind wie die Hühner in den Käfig einer bestimmten Lebenssituation, beruflichen, wirtschaftlichen Zwängen und einer bestimmten Gefühlslage gesperrt. Wir laufen am Boden umher und müssen in unseren Lebensprojekten konkret sein. Und zugleich sind wir Adler, die für die hohen Lüfte bestimmt sind, die dazu berufen sind, hoch hinaufzufliegen und Wind und Wetter zu trotzen.

Wir sind beides, Adler und Hühner. Die Herausforderung besteht darin, dass wir dies in uns zu einer Synthese bringen, dass wir die Fähigkeit entwickeln, diese beiden Dimensionen zu integrieren, die scheinbar einander entgegengesetzt sind, sich aber in Wirklichkeit ergänzen, denn es handelt sich um Dimensionen dieser unserer einzigen und einzigartigen Wirklichkeit. Die rechte Seite steht in Opposition zur linken Seite, doch beide bilden sie Teile desselben Körpers. Eine dialektische Haltung besteht darin, dass wir uns, ohne bedauerndes Klagen, im Boden des Lebens verwurzelt fühlen und uns zugleich frohen Herzens als offen für das Ganze empfinden.

Dies ist eine Synthese, die sich niemals in sich selbst verschließt. Es ist kein Kreis, sondern eine Ellipse, die zwei Schwerpunkte hat. Beide ständig zu verwirklichen bedeutet, unserem Leben eine Dynamik, eine Dramatik und Faszination zu verleihen. Wir werden keine Götter, sondern einfach Mensch sein.

IX. Was ist das letzte, rätselhafte Ziel der Sehnsucht?

Wir betrachten das Wesen des Menschen als in einer konkreten Situation verwurzelt und gleichzeitig als offen für das Ganze; es ist ein Wesen voller Sehnsucht. In ihm gibt es eine unausgefüllte Leere, die so groß ist wie Gott selbst, denn nichts, was ihm innerhalb seiner empirisch erfahrbaren Welt begegnet, kann sie erfüllen. Er will das Ganze und findet nur Bruchstücke.

Daraus ergibt sich eine philosophische Fragestellung: Was ist das Ziel und Objekt, das in der Lage wäre, diese Leere auszufüllen? Was könnte den Menschen befriedigen und ihm die Ruhe verschaffen, nach der er strebt? Welche Wirklichkeit entspricht seiner Dimension der Unendlichkeit?

Hier zeigt sich der Mensch in seinem Wesen als ewig aufbegehrender, stets unzufriedener, als unendlicher Entwurf. Es gibt keine Psychologie und keine bestimmte Therapie, die ihn heilen könnte. Seine unendliche Angst ist nicht heilbar. Sie ist kein Mangel, sondern sie macht seine Besonderheit aus.

Dieses unendliche Übel macht seine Größe aus, seine Dynamik und seine Ex-istenz. Nur ausgehend von dieser seiner Ex-zentrizität gelingt es dem Menschen, sein „unausgewogenes Gleichgewicht“ zu finden.

Auf der Suche nach einer Antwort auf diese Fragen begegnen einem im Wesentlichen drei Grundhaltungen - es sind nicht die einzigen -, die es näher zu betrachten lohnt.

Die eine ist die der Verweigerung. Es gibt viele Denker wie etwa Jean Paul Sartre, die sich weigern, sich für jenes Ziel zu entscheiden, das die Transzendenz fordert. Für ihn bleibt die unendliche Sehnsucht eher ohne jedes adäquate Ziel. Die menschliche Existenz erscheint als widersprüchlich, sie ist eine Leidenschaft, die im Absurden mündet.

Seltsamerweise behandelt Sartre im dritten Teil seines bekanntesten Buches *Das Sein und das Nichts* die Transzendenz in einem langen und sehr dichten Kapitel. Hier bestätigt er im Wesentlichen das, was ich in den bisherigen Überlegungen gesagt habe, nämlich dass der Mensch ein Sein an sich und zugleich ein Sein für andere ist und sich auf das Ganze hin öffnet. Dies ist die grundlegende *Condition humaine.*

Doch er verweigert sich der Annahme, dass diese Offenheit auf ein Ziel gerichtet ist, das ihr angemessen ist. Der Mensch ist eine auf das Universum hin angespannte Feder. Seine Größe macht zugleich seine Angst aus: Sie bestehen darin, diese Situation der Offenheit anzunehmen, auch wenn es kein bestimmtes Objekt dafür gibt.

Die zweite Haltung ist die der Distanznahme. Dies ist die Haltung vieler unserer Zeitgenossen, die sich als Agnostiker verstehen. Sie anerkennen die unbegrenzte Offenheit des Menschen, doch sie bestehen darauf, dass es unmöglich sei, sie zu realisieren oder ihr Ziel zu kennen (dies ist der Wortsinn von a-gnostisch: nicht kennen). Deshalb wollen sie sich nicht von dieser Offenheit her definieren. Sie leugnen sie nicht, aber ebenso wenig akzeptieren sie sie. Sie ziehen es vor, sich nicht festzulegen; das ermöglicht ihnen ein Desengagement, auch angesichts der Unsicherheiten und Ängste, die eine solche Haltung mit sich bringt.

Wir müssen für diese Leute Verständnis haben, denn zuweilen haben sie entsprechend schlechte Lebenserfahrungen gemacht und wurden enttäuscht von denen, die sich als die Sachwalter der Transzendenz gerieren. Es gibt Gurus und Meister, Weltanschauungen und Lebensphilosophien, Religionen und spirituelle Wege, die eine so handfeste und simplifizierende Transzendenz präsentieren, die voller wunderbarer Rezepte ist und die den Menschen nicht erheben und ihn nicht seine eigene wesenhafte Natur entdecken lassen.

Es ist wichtig, diese Menschen zu verstehen, denn nicht selten verbergen sie schlecht verheilte Wunden, Fragen, die eine Antwort suchen, die ihnen niemand geben konnte, oder verweigerte bzw. nur unzulänglich erfüllte Wünsche.

Doch es gibt noch eine dritte Haltung, nämlich die der mutigen Bejahung. Dies ist der Weg der Religionen und Weisheitslehren der Völker. Sie bezeugen eine unerhörte Kühnheit, dem rätselhaften Objekt der menschlichen Sehnsucht einen Namen zu geben. Sie nennen es Jahwe, Allah, Shiva, Brahma, Tao, Olorum - mit einem Wort: Gott. Das Wort Gott hat nur Sinn, wenn es die existenzielle Antwort auf die radikale Sehnsucht des Menschen, auf seine Dimension der Transzendenz, bezeichnet.

Doch Gott darf dann nicht sofort als ein höchstes unendliches Wesen vorgestellt werden. Dies wäre ein Rückfall in die Metaphysik. Er ist unauslotbares Geheimnis, das weder mittels der Logik der Sinne, des Herzens oder gar der analytischen und ergründenden Vernunft erfasst werden kann. Ihm gegenüber ist vielmehr die Ehrfurcht am Platz, eher das vornehme Schweigen als viele Worte, Lehrsätze und Riten, mit deren Hilfe wir ihn in gewisser Weise in das Schema unserer Auffassungsgabe pressen wollen. Dieser *Deus ex machina*, der von außen kommt, kann unsere Leere nicht ausfüllen und unsere Sehnsucht nach Fülle nicht stillen. Er weist nicht jene Merkmale auf, die unsere unendliche Sehnsucht verlangt, um schließlich zur Ruhe zu kommen.

Alle mystischen Traditionen, sowohl im Westen wie im Osten, sprechen von Gott als einem unauslotbaren Geheimnis oder als Liebe, was ein anderer Ausdruck für das Unaussprechliche ist. Franz von Assisi und Johannes vom Kreuz erfuhren die Liebe Gottes in der Weise eines Bräutigams. Sehr schön ist die elfte Strophe des Geistlichen Liedes von Johannes vom Kreuz:

Eil', deine Gegenwart mir zu enthüllen,
Lass mich vom Anblick deiner Schönheit sterben;
Denn sieh, mein Liebesschmerz ist nur zu stillen,
Wenn du den dichten Schleier hebst, den herben,
Und mich den Anblick lässt deiner Gestalt erwerben.[5]

Ein anderer großer Poet der Liebe ist der islamische Mystiker (Sufi) Rumi, ein Zeitgenosse des Franz von Assisi (sie sind sich dennoch niemals begegnet): In einem schönen Gedicht von ihm heißt es:

Du einzige Sonne, komm!
Ohne dich welken die Blumen, komm!
Ohne dich ist die Welt nur Staub und Asche.
Dieses Festmahl, diese Freude, ohne dich sind sie völlig leer, komm!

Ein weiteres Gedicht von großer emotional ansprechender Schönheit ist folgendes:

Deine Liebe gelangte bis zu meinem Herzen und ging glücklich wieder fort.
Sie zog das Kleid der Liebe an, doch wiederum ging sie fort.
Schüchtern bat ich sie, bei mir zu bleiben, wenigstens einige Tage.
Sie setze sich zu mir und vergaß, wegzugehen.[6]

Die mystischen Traditionen geben Zeugnis davon, dass in unserem radikalsten Wesen, im tiefsten Inneren unseres Selbst, jene strahlende Sonne existiert, die wir „Gott" nennen. Es ist die Aufgabe des Menschen, vom Gott, den wir in unseren Metaphysiken und unseren Vorstellungen besitzen, auf dem Weg der Meditation zu jenem Gott zu gelangen, der wir in unserer tiefsten Radikalität sind.

An mehreren Stellen seiner Schriften sagt Johannes vom Kreuz: „Wir sind Gott, Gott in der Weise der Teilhabe." Auch die heilige Teresa von Avila wiederholt dies der Sache nach in ihrem Werk.

Damit findet der Mensch – der unendliche Entwurf, die Offenheit auf das Ganze hin – schließlich das angemessene Ziel seines inneren Antriebs. Nun können wir die Erfahrung des heiligen Augustinus nachvollziehen, von der er in seinen *Confessiones* spricht: „Spät habe ich dich geliebt, du ewig alte und ewig neue Schönheit, spät habe ich dich geliebt. Du warst in mir, und ich habe dich da draußen gesucht! Du warst mit mir, und ich war nicht mit dir. Du hast mich berührt, und ich glühte vor Sehnsucht nach deinem Frieden ... Und unruhig ist unser Herz, bis es Ruhe findet in dir."

Der Apostel Paulus verkündet gemäß dem Bericht der Apostelgeschichte im Gespräch mit den Griechen auf dem Marktplatz den „Unbekannten Gott". In Wahrheit verkündete er ihnen den bekannten Gott, denn er selbst sagt: „In ihm leben wir, in ihm bewegen wir uns und sind wir ..., denn wir sind von seiner Art" (Apg 17,28). Das heißt, es gibt eine Art Entsprechung zwischen dem Unendlichen, das in uns widerhallt, und dem Unendlichen, dem wir im Geheimnis Gottes begegnen. Wir gehen niemals zu ihm, wir gehen niemals von ihm weg, denn wir sind stets in ihm. Doch die Griechen in Athen, zu denen Paulus sprach, waren Opfer ihrer eigenen Metaphysik und hatten diesen lebendigen Gott vergessen; an seine Stelle setzten sie Begriffe und Bilder von Gott.

Dies ist das radikale Denken, die Grunderfahrung, die allen spirituellen Wegen und Religionen zugrunde liegt; sie ist die verborgene Energie, die die menschliche Existenz vorwärts und nach oben bewegt. Diese Energie ist die Grundlage für die stets vorhandene Fähigkeit des Menschen zur Transzendenz. Sie findet in der Tat nur eine Entsprechung, nämlich Gott selbst, die Quelle allen Seins. Hier kommt er zur Ruhe und findet die Geborgenheit in sich selbst.

X. Der unbekannte Gott – in unserem Leben gegenwärtig

In diesem Kontext taucht in bezeichnender Weise die Gestalt Friedrich Nietzsches auf. Er war ein überaus ängstlicher Denker, der die schärfste Kritik an der abendländischen Metaphysik formulierte. Diese hätte Gott in ihren Netzen gefangen. Nietzsche verkündet den Tod Gottes. Nicht irgendeines Gottes, sondern des Gottes, wie er von den Religionen und Kulturen konstruiert worden war, eines Gottes, der seines Geheimnisses verlustig gegangen war und damit die Fähigkeit eingebüßt hatte, dem Leben überirdischen Glanz zu verleihen und gesellschaftlichen Zusammenhalt zu bewirken. Im Namen des Gottes der ursprünglichen Erfahrung verkündet er in pathetischem Ton den Tod des objektivierten Gottes. Nicht, dass Gott sterben würde. Er wurde von den Menschen getötet, die die Erinnerung an die Transzendenz verloren haben. Doch er kann aus den Tiefen des Menschen in seiner Transzendenz wiederauferstehen. Hier erscheint der Gott des Geheimnisses, der Unaussprechliche, der Gott, der unserer unendlichen Sehnsucht würdig ist.

Nietzsche schrieb ein kleines Gedicht von großartiger Schönheit und Tiefe, in dem dieser transzendente Gott erscheint, der mit der menschlichen Transzendenz in Verbindung steht. Er gab ihm die Überschrift „Dem unbekannten Gott“.

Noch einmal, eh ich weiterziehe
Und meine Blicke vorwärts sende,
Heb ich vereinsamt meine Hände
Zu dir empor, zu dem ich fliehe,
Dem ich in tiefster Herzenstiefe
Altäre feierlich geweiht,
Dass allezeit
Mich seine Stimme wieder riefe.

Darauf erglüht tief eingeschrieben
Das Wort: Dem unbekannten Gotte:
Sein bin ich, ob ich in der Frevler Rotte
Auch bis zur Stunde bin geblieben:
Sein bin ich - und ich fühl' die Schlingen,
Die mich im Kampf darniederziehen
Und, mag ich flieh'n,
Mich doch zu seinem Dienste zwingen.

Ich will dich kennen, Unbekannter,
Du tief in meine Seele Greifender,
Mein Leben wie ein Sturm Durchschweifender,
Du Unfassbarer, mir Verwandter,
Ich will dich kennen, selbst dir dienen.[7]

Hier wird die tiefe Bedeutung der Transzendenz in aller Klarheit sichtbar und findet ihren höchsten Ausdruck in der Erfahrung des lebendigen Gottes. Treffend hat dies Pascal formuliert: „Es ist das Herz, das Gott verspürt, nicht die Vernunft."

XI. Transzendenz und Transparenz: das spezifisch Christliche

Was sind die unmittelbarsten Konsequenzen, die wir aus dem Bewusstsein der Transzendenz ziehen? Es ist wichtig, sich stets vor Augen zu halten, dass Transzendenz nicht etwas ist, was wir haben oder auch nicht haben. Alle sind Subjekte der Transzendenz. Doch nicht alle sind sich dessen bewusst und schaffen Raum dafür, dass sie als solche im Leben und in der Gesellschaft in Erscheinung treten kann.

Die erste Konsequenz ist das Gefühl einer tiefen inneren Freiheit. Wir fühlen, dass uns niemand zu irgendetwas zwingen kann. Selbst wenn einer in Ketten läge, wäre er frei, denn es gehört zu seinem Wesen, frei zu sein. Mit seinem Denken, seinem Herzen und seiner Vorstellung ist er in allen Räumen des Universums beheimatet.

Die zweite Konsequenz ist, dass wir alles relativieren können. Kein einzelnes Ding ist Verwirklichung des Ganzen, kein Satz, keine Lehre sagt alles über die Wirklichkeit aus. Es gibt immer verborgene Möglichkeiten, die sichtbar werden können. Das gilt auch für den Evolutionsprozess. Er verläuft nicht geradlinig, sondern kennt Brüche und Sprünge, um das Neue in Gang zu setzen und es möglich zu machen, dass neue Ordnungen entstehen und ihre eigene Geschichte entfalten.

Deshalb gibt es an jeder Form von Relativismus eine gute Seite, denn damit bestreiten wir, dass irgendeine Teilwirklichkeit sich als das Ganze darstellen kann, als ob sie außerhalb von Zeit und Geschichte stünde. Das gilt auch für die Wahrheit. Sie ist stets anwesend und offenbart sich dem Gewissen, doch mit ihrem eigenen Rhythmus und in ihrer eigenen Zeit. Wenn jemand irgendeine Wahrheit als die Wahrheit schlechthin, als absolute Wahrheit, hinstellt, dann ist diese im Allgemeinen nur seine eigene Wahrheit, die er allen aufzwingen will.

Mit Recht sagte der spanische Dichter Antonio Machado: „Nicht deine Wahrheit. Die Wahrheit. Komm mit mir und lass uns die Wahrheit gemeinsam suchen. Deine Wahrheit behalte ruhig für dich." Damit wird die Wahrheit nicht verleugnet, doch es wird nicht hingenommen, dass einige die Wahrheit für sich beanspruchen und die anderen davon ausschließen. Alle wohnen auf die eine oder andere Weise im Haus der Wahrheit. Alle sind von ihr erleuchtet. Deshalb müssen alle sie stets aufs Neue suchen, um in ihr zu wachsen.

Schließlich schafft die Transzendenz Raum für Humor und Leichtigkeit. Denn sie entlarvt die Überheblichen und Angeber und macht deutlich, dass alles relativ ist, das heißt, dass alles mit allem verbunden ist, auch mit Gott, und dass sich niemand dieser Verbundenheit und Beziehung entziehen kann.

Angesichts der Letzten Wirklichkeit, der Wirklichkeit schlechthin, sind alle Dinge relativ und haben einen nicht absoluten Stellenwert. Nur die Letzte Wirklichkeit kann als absolut bezeichnet werden. Angesichts der Transzendenz können wir lachen und unseren guten Humor behalten, denn das Böse hat niemals das letzte Wort, die Hoffnung wird immer wieder neu geboren.

Diese Erfahrung der Transzendenz nimmt unseren Lebensproblemen die Dramatik. Sie sind Teil der Conditio humana und können nicht das Ganze bestimmen. Die Transzendenz macht es uns möglich, über ihnen zu stehen. Sie hält in uns das Prinzip Hoffnung am Leben, jenen Antrieb in uns, der uns stets neue Landschaften, noch nicht verwirklichte Welten, Träume und Utopien entwirft, die den Horizont des Lebens auf die Zukunft hin öffnen. Oscar Wilde sagte mit Recht: „Eine Weltkarte, auf der die Utopie nicht eingezeichnet ist, ist es nicht wert, dass man sie benutzt. Auf ihr fehlt das einzige Territorium, an dem die Menschheit immer anlegt, um dann von Neuem aufzubrechen, um noch bessere Länder zu finden."

Wenden wir uns nun einem spezifischen Verständnis von Transzendenz zu, dem des Christentums. Dieses versteht Transzendenz in der Tat lieber als Trans-deszendenz und dann als Transparenz.

Wenn wir an Transzendenz denken, dann wird unser Denken üblicherweise nach oben oder in Richtung Jenseits orientiert. So ist es in der Tradition der griechischen Metaphysik, die wir zuvor kritisiert haben. Die christliche Erfahrung bezieht sich auf das Herabkommen Gottes und auf die Inkarnation des Wortes als einen Prozess der *Kenose*. Dieses griechische Wort, das im berühmten Hymnus des Philipperbriefes vorkommt, bezeichnet die Erniedrigung bis hin zur Selbstpreisgabe.

Das Besondere der christlichen Weise, von Gott zu sprechen, ist in der Tat der Weg der Demut. Alle Religionen sprechen von Gott als groß, allmächtig, als Herrn von Himmel und Erde. Das Christentum hält es da lieber mit dem Gott, der sich klein macht, einem Kind, das zwischen Ochs und Esel weint, der als Handwerker und Bauer im Mittelmeerraum lebte, der sich unter armen Leuten aufhielt und nackt und ans Kreuz geschlagen starb. Sein Name ist Jesus. Paulus sagt, dass er aus den höchsten Höhen herabstieg bis zu den tiefsten Tiefen, bis zur dunklen und abgründigen Dimension der Hölle. Das also ist der Gott der Transzendenz.

Es ist ein Gott, der sich mit denen identifizierte, die nicht sind, die sich auf der untersten Ebene der Gesellschaft befinden, die Armen, Hungernden, Dürstenden und Nackten. „Was ihr an einem von diesen geringsten von meinen Geschwistern getan oder unterlassen habt, das habt ihr an mir getan oder unterlassen“ (vgl. Mt 25).

Wer Transzendenz in diesem Sinne lebt, wird die Worte hören: „Kommt, ihr Gesegneten meines Vaters, und nehmt das Reich in Besitz, das euch vom Anfang der Welt an bereitet ist.“

Die wahre Liebe ist jene, die denselben Verlauf nimmt: Sie erniedrigt sich und lässt sich zu dem auf der Straße Liegenden herab, wie es der barmherzige Samariter getan hat. Wir müssen uns vor niemandem niederknien, außer vor dem, der auf eine Nicht-Person herabgestuft wurde, um ihn wieder aufzurichten und ihm die verweigerte Menschenwürde wiederzugeben.

Diese Trans-deszendenz orientiert sich auf die Transzendenz und auf die Bewahrung ihres eigentlichen Wesens hin. Sie konkretisiert sich und verflüchtigt sich nicht in einen abstrakten Begriff.

Auf diese Art hat das Christentum Transzendenz und Immanenz auf gelungene Weise miteinander verbunden. Sie durchdringen sich gegenseitig, ohne sich zu vermischen und ihre jeweilige Identität zu verlieren.

Daraus ergibt sich die Transparenz. Transparenz ist die Transzendenz innerhalb der Immanenz, ohne sich als Transzendenz zu verlieren oder die Immanenz aufzuheben. Dieses Dasein in Gegenseitigkeit bringt die Transparenz hervor. Dies ist eine typisch christliche Kategorie, die in Jesus, dem inkarnierten Wort, ihre Bestätigung findet. In diesem konkreten Menschen (Immanenz) ist das Wort Gottes in vollkommener Weise präsent (Transzendenz). Deshalb konnte Jesus sagen: „Wer mich sieht, sieht den Vater" (Joh 14,9). Er wurde transparent auf den Vater hin.

Das spezifisch Christliche besteht also nicht darin, die Epiphanie, das Erscheinen Gottes, das heißt den Gott, der kommt und sich selbst verkündet, zu predigen. Es ist vielmehr die Diaphanie: der Gott, der aus dem Inneren nach außen hin sichtbar wird und sich so zeigt.

Konkret gesprochen bedeutet dies, dass wir jeden Einzelnen als lebendigen Tempel Gottes, ja besser noch, als Gott selbst betrachten dürfen, der im Inneren einer jeden Person geboren wird.

XII. Offene Fragen

Frage: Sind die Kategorien „Transzendenz" und „Immanenz" Ausdrucksweisen des Patriarchats?

Antwort: Wenn ich wissenschaftstheoretisch genauer gewesen wäre, dann hätte ich gleich zu Beginn dieser Überlegungen gesagt, dass ich als Mann spreche, der an der Last Tausender Jahre patriarchalischer, dualistischer und spaltender Kultur trägt. Tatsächlich geht das Begriffspaar Immanenz/Transzendenz wie andere solcher Dualitäten auch auf die herrschende patriarchalische Kultur zurück, welche die Lesart der Welt, wie sie die Frau auszeichnet, an den Rand gedrängt oder für bedeutungslos erklärt hat. Diese Weltsicht denkt nicht in Dualitäten, denn sie bringt ihre Lebenserfahrung ganzheitlicher, integrierend und umfassend zum Ausdruck.

Wir Männer denken mit dem Kopf. Die Frau denkt und empfindet mit ihrem ganzen Sein. Deshalb steht sie von ihrer Natur her dem ursprünglichen Denken, auf das wir uns die ganze Zeit über bezogen haben, näher. Deshalb hat sie auch ein engeres Verhältnis zum Leben selbst mit seiner komplexen und auf das Ganze ausgerichteten Logik. Sie weist eine stärkere Nähe zur Kooperation als zum Wettbewerb, zur Integration als zur Trennung auf. Ihr Beitrag zur Arbeitswelt sind die in besonderer Weise (wenn auch nicht ausschließlich) weiblichen Werte der Fürsorge, des Geistes der Zusammenarbeit, des Dialogs und der Suche nach Lösungen, von denen alle Beteiligten profitieren.

Meine Überlegungen wollten diese Spaltung und Entgegensetzung zwischen Transzendenz und Immanenz dekonstruieren und zu jenem Ursprung des Denkens und der Wirklichkeit vordringen, welchen die Erfahrung der geschichtlichen Ex-istenz bildet. Deshalb habe ich ein größeres Nahverhältnis zur Dimension der *anima* als zu der des *animus*.

Ich gehe davon aus, dass die große Herausforderung des 21. Jahrhunderts darin besteht, ein neues Verhältnis zwischen den Geschlechtern herzustellen, ein neues Bündnis zwischen Mann und Frau, das den Jahrhunderte währenden Geschlechterkampf beendet. Mehr und mehr verstehen wir die Menschen nicht von ihrem Geschlecht her, sondern von ihren persönlichen Eigenschaften und Lebensentscheidungen her. Wenn wir begreifen, dass das Maskuline und das Feminine Dimensionen eines jeden Menschen, ob nun Mann oder Frau, sind, dann haben wir bessere Voraussetzungen für eine stärkere Integration der Unterschiede. Dies ermöglicht uns eine vollständigere Erfahrung des Menschen in seiner Komplexität, Unterschiedenheit und Einheit.

Frage: Könnten Sie das Bedeutungsfeld von Immanenz, Transzendenz und Transparenz analytisch stärker vertiefen?

Antwort: Für ein leichteres Verständnis nehmen wir die Sprache der Religionen zum Ausgangspunkt. Wenn die Religionen von Gott sprechen, dann sagen sie, dass er „in einem unzugänglichen Licht“ lebt und der Transzendenz zuzuordnen ist, die für die Menschen unerreichbar ist. Gott ist so sehr anders, dass alles, was wir von ihm aussagen, mehr Lüge als Wahrheit ist. Das Beste ist es, zu schweigen oder nur weise zu lächeln, wie der Buddha.

Die zweite Weise, sich auf Gott zu beziehen, ist die über die Immanenz. Gott wird auf so intensive Weise erfahren, dass er sich in jedem Ereignis der menschlichen Geschichte ankündigt. So ist er in der Welt verwurzelt. Alles wird zu seinem Sakrament. Und er wird mit tausend Namen angerufen.

Die dritte Weise, von ihm zu sprechen, ist die Transparenz. Man sucht einen Mittelweg. Gott kann nicht nur transzendent sein, denn wie könnten wir dann überhaupt von ihm wissen? Er muss irgendein Verhältnis zur Welt haben. Wenn man einen weltlosen Gott verkündet, dann führt das zwangsläufig zu einer gottlosen Welt. Er kann aber auch nicht ausschließlich immanent und mit den Dingen so vermengt sein, dass er letztlich zu einem Teil dieser Welt wird. Wenn Gottes Existenz nach der Art gedacht wird, wie die Dinge existieren, dann - so sagten es schon die mittelalterlichen Denker - existiert er nicht. Er ist der tragende Grund der Welt und nicht ein Teil von ihr.

Und hier hat die Kategorie der Transparenz ihre Bedeutung. Sie will sagen, dass sich die Transzendenz innerhalb der Immanenz vollzieht, ohne sich in ihr zu verlieren, denn andernfalls wäre sie nicht wirklich Transzendenz. Und die Immanenz birgt die Transzendenz in sich, denn sie zeigt sich stets als eine für unbegrenzte Verknüpfungen offene Wirklichkeit. In diesem Fall ist die Wirklichkeit nicht länger entweder transzendent oder immanent. Sie wird transparent. Sie schließt sowohl Transzendenz als auch Immanenz in sich.

Nehmen wir als Beispiel das Wasser. Wasser ist Wasser; es kommt aus einer Quelle (immanent). Doch es ist zugleich mehr als Wasser. Es symbolisiert auch das Leben und die Frische (Transzendenz). Indem es zum Symbol für Leben und Frische wird, wird das Wasser transparent für diese Wirklichkeiten. Und das macht es aus seiner eigenen Wirklichkeit heraus und in ihr.

Dies ist vielleicht die vernünftigste Weise, über Gott und von Gott her zu sprechen. Einerseits müssen wir feststellen, dass all unsere Worte kraftlos sind. Von Gott können wir uns kein angemessenes Bild machen. Andererseits können wir auch nicht sagen, dass Gott völlig unbestimmt wäre, eine vage Angelegenheit, ein Grund ohne Grund. Die Wirklichkeit Gottes ist eine in höchstem Maß konkrete Konkretion, das Sein in Fülle, also eine konkrete Wirklichkeit, aber stets jenseits aller vorhandenen Konkretion. Er wird durch das Wasser symbolisiert, ist aber nicht das Wasser. Das Wasser ist ein Sakrament und Symbol Gottes. Wenn man Wasser und Gott gleichsetzt, verfällt man dem Götzendienst, verwechselt Immanenz und Transzendenz, ohne den Unterschied zu respektieren.

Innerhalb dieses Paradoxons gewinnt die Transparenz an Bedeutung. Wie wir es in unseren vorherigen Überlegungen sagten, ist Jesus, das inkarnierte Wort, die klare Verwirklichung der Transparenz. Er ist ein Bauer und Handwerker aus dem Mittelmeerraum (immanent), doch er lebte auf eine solche Weise (transzendent), dass er es uns ermöglichte,

Gott zu erahnen (transparent): „Wer mich sieht, sieht den Vater."

Wie geht das zu? Es vollzog sich in der Weise, wie er sich selbst an Gott wandte, indem er ihn Abba (lieber Papi) nannte, was voraussetzt, dass er sich als sein Sohn empfand. Dann, indem er auf eine Weise handelte, dass sein Leben ein Leben für die anderen (Pro-Existenz) wurde, besonders für die Letzten der Gesellschaft und für die Verachteten. Was er tat und sagte, geschah, um dieselbe Haltung in uns zu wecken, die er selbst an den Tag legte. So werden wir entdecken, dass auch wir Kinder Gottes und in Gemeinschaft mit ihm sind. Er machte sich transparent für Gott, wobei er diejenigen, die vor ihm waren, nicht erniedrigte, sondern ihre Dynamik radikalisierte und sich so zu einem Bezugspunkt machte.

Frage: Immer wieder gab es Mystiker, die gegen die Religionen als Produzenten von Metaphysik, gegen die Verobjektivierung von Transzendenz, Vorbehalte hatten. Es scheint, als ob die Mystiker eher auf der Seite des ursprünglichen Denkens stünden, die Religionen hingegen eher auf der Seite der konkreten Vorstellung, das heißt der Metaphysik. Wie verhalten sich Mystik und Religion zueinander?

Antwort: Alle Dinge haben ihre zwei Seiten. Die andere Seite der Dinge zu betrachten heißt, sich darüber Rechenschaft zu geben, dass das Sichtbare Teil des Unsichtbaren ist: Genau darin besteht die Aufgabe der Mystik.

Was ist Mystik? Das Wort leitet sich von Mysterium her, dem Geheimnis. Das Geheimnis stellt nicht die Grenze der Erkenntnis dar, es ist vielmehr das Unbegrenzte der Erkenntnis. Es heißt: immer mehr erkennen, in eine immer tiefere Beziehung mit der Wirklichkeit eintreten, die uns umgibt, über jeden Horizont hinausschreiten und die Erfahrung der Transzendenz und letztlich des Mysteriums machen. Alles ist Geheimnis: die Dinge, jeder Mensch, sein Herz und das gesamte Universum.

Das Mysterium bricht nicht in erschreckender Gestalt über uns herein, wie ein bodenloser Abgrund. Es macht sich bemerkbar wie eine Stimme, die uns einlädt, hinzuhören und die Botschaft, die von allen Seiten auf uns eindringt, immer stärker zu vernehmen – ein Lockruf, sich immer mehr auf das Herz eines jeden Dinges zuzubewegen. Das Geheimnis versetzt uns stets in die Haltung des Staunens, ja sogar der Faszination, der Überraschung bis hin zur überschwänglichen Begeisterung. Für den gläubigen Menschen ist diese Stimme, die aus unserem tiefsten Inneren selbst emporsteigt, die Stimme Gottes selbst.

Mystik meint also die Fähigkeit, das Geheimnis aller Dinge zu empfinden und davon berührt zu sein. Es geht dabei nicht darum, die Dinge zu denken, sondern vielmehr sie so tief zu empfinden, dass wir das faszinierende Geheimnis wahrnehmen, das in ihnen liegt, aus dem sie entspringen und das sie im Dasein hält.

Doch die Mystik offenbart da die Tiefe ihrer Bedeutung, wo wir das geheimnisvolle Band erfassen, das die Dinge nach allen Seiten vereint und verbindet, aus ihnen ein geordnetes und dynamisches Ganzes macht. Dies ist die Ursprungsquelle, aus der alles hervorgeht und für die die Kosmologen die unglückliche Bezeichnung „Quantenvakuum" gefunden haben.

Die Religionen wagen es, diese ursprüngliche Wirklichkeit Gott zu nennen. Die tausend konkreten Namen wie Jahwe, Vater, Tao, Olorum sind dabei nicht wichtig. Worauf es ankommt, ist es, sein Wirken zu empfinden und seine Gegenwart zu feiern.

In der Mystik geht es also nicht darum, *über* Gott nachzudenken, sondern Gott *in* allem Sein zu erspüren. Mystik will nicht *über* Gott sprechen, sondern *zu* ihm, um mit ihm in Gemeinschaft zu treten. Wenn wir beten, sprechen wir mit

Gott. Wenn wir meditieren, spricht Gott mit uns. Diese Dimension im Alltag zu leben heißt, die Mystik zu kultivieren.

Um diese unaussprechliche Erfahrung irgendwie zu übersetzen, entwickeln wir Lehrsysteme, erfinden wir Riten, entwerfen wir ethische Vorschriften. So entstehen dann die vielen Religionen. Hinter ihnen und auf ihrem Grund steht stets die gleiche mystische Erfahrung, die gemeinsame Schnittmenge aller Religionen. Sie alle beziehen sich auf jenes unaussprechliche Geheimnis, das durch kein Wort aus unseren Wörterbüchern angemessen artikuliert werden kann.

Jede Religion hat ihre eigene unverwechselbare Gestalt und ihre eigene Art, die mystische Erfahrung zum Ausdruck zu bringen und zu feiern. Doch so wie Gott in keinem Kopf Platz hat, sondern sie alle übersteigt, so können wir immer noch etwas hinzufügen, um ihn besser zu erfassen und ihn den Menschen mitzuteilen. Deshalb können die Religionen keine dogmatischen und in sich geschlossenen Systeme sein. Wenn das passiert, dann entsteht der Fundamentalismus, eine Krankheit, die die Religionen häufig befällt, wie es in wichtigen Teilen des Christentums und des Islam der Fall ist.

Die Mystik lässt uns das sehen, was der englische Dichter William Blake in Worte gefasst hat:

Um eine Welt in einem Sandkorn zu sehen
Und einen Himmel in einer Feldblume,
Halt Unendlichkeit in deiner flachen Hand
Und Ewigkeit in einer Stunde.

Man verführt uns, eine Lüge zu glauben,
Wenn wir mit dem Auge sehen, nicht durch es hindurch,
In einer Nacht wurde es geboren,

Um in einer Nacht zu verlöschen,
Als die Seele in Lichtstrahlen schlief.[8]

Dies ist die Herrlichkeit: in diese wohltuende Energie eintauchen, die uns mit dem Sinn für die Freude erfüllt.

Frage: In den Überlegungen zuvor hieß es, wenn jemand die Dimension der Transzendenz bewusst lebt, dann relativiert er nicht nur alle Dinge, sondern er bekommt auch einen Sinn für Humor. Können Sie das näher erläutern?

Antwort: Heute ist es wichtig, den Humor zu kultivieren. Die Wirklichkeit in der Mehrzahl der Länder, auch der Länder des Zentrums wie etwa die USA und Europa, ist düster. Millionen leiden, weil ein zivilisatorisches Paradigma herrscht, das auf materiellem Konsum, sozialer Ungerechtigkeit und Zerstörung der Natur beruht. Die Prognosen zur Zukunft des Lebens und der Erhaltung unseres Planeten Erde sind nicht rosig. Wie kann man unter diesen Umständen seinen Humor behalten?

Ich würde sagen, dass die Menschen trotz aller Absurditäten nicht aufhören, an eine grundlegende Gutheit des Lebens zu glauben. Man steht am Morgen auf, geht zur Arbeit, kümmert sich um seine Familie, versucht, mit einem Mindestmaß an Anstand zu leben (der von vielen Politikern so sehr verraten wird), und nimmt für Werte, die wirklich zählen, Opfer in Kauf.

Was verbirgt sich hinter diesem alltäglichen Verhalten? Auf vorreflexive und unbewusste Weise wird hier bestätigt: Das Leben hat Sinn. „Wir akzeptieren den Tod, aber das Leben ist so schön“, wie es François Mitterand kurz vor seinem Tod zum Ausdruck brachte.

Soziologen wie Peter Berger und Eric Voegelin haben in ihren Überlegungen mit Nachdruck darauf hingewiesen, dass der Mensch eine unausrottbare Tendenz zur Ordnung hat. Wo er will, dass Ordnung entsteht, schafft er ein Lebensgefüge mit Ordnungen und Werten, die ihm ein Minimum an humanem Zusammenleben und Frieden garantieren.

Die Tatsache, dass das Leben zuinnerst gut ist, ermöglicht uns das Fest und den Sinn für Humor. Im Fest, sowohl in der religiösen als auch in der profanen Feier, versöhnen sich alle Dinge. Nietzsche sagte: „Ein Fest feiern heißt sagen: Seid willkommen, ihr Dinge alle." Durch das Fest unterbricht der Mensch den monotonen Rhythmus des Alltags, macht eine Pause, um durchzuatmen und die Freude des Zusammenseins in Freundschaft und in der Zufriedenheit des gemeinsamen Essens und Trinkens auszuleben. Beim Fest haben Essen und Trinken nicht einfach nur einen praktischen Sinn, satt zu werden und den Durst zu löschen, sondern vielmehr, sich an der Begegnung zu erfreuen und die Freundschaft zu feiern. Beim Fest zählt die Uhrzeit nicht, und dem Menschen ist es für einen Augenblick gegönnt, die mystische Zeit einer mit sich selbst versöhnten Welt zu leben.

Deshalb gibt es beim Fest weder Feinde noch Fremde, denn das Fest hat Ordnung und Freude an der Güte der Menschen und Dinge zur Voraussetzung. Musik, Tanz, Freundlichkeit und festliche Kleidung gehören zur Atmosphäre des Festes. Dadurch bringt der Mensch sein Ja zur Welt, die ihn umgibt, und sein Vertrauen auf deren wesenhafte Harmonie zum Ausdruck.

Aus diesem grundlegenden Vertrauen entspringt der Sinn für Humor. Humor zu haben heißt, über die Fähigkeit verfügen, die Diskrepanz zweier Wirklichkeiten wahrzunehmen: zwischen den nackten Tatsachen und dem Traum, den Grenzen des Systems, was wir als Immanenz bezeichnen könnten, und der Macht der schöpferischen Fantasie, die wir Transzendenz nennen könnten. Im Humor kommt ein Gefühl der Erleichterung angesichts der Grenzen des Lebens, ja sogar der eigenen Tragödien, zum Durchbruch.

Der Humor ist ein Zeichen der Transzendenz des Menschen, der eine Situation immer übersteigen kann. In seinem tiefsten Wesen ist er frei. Deshalb kann er lachen und mit Humor auf die Denkweisen reagieren, die ihn einengen möchten, auf die Gewalt, mit der man ihn unterwerfen will. Nur derjenige, der in der Lage ist, auch noch die ernstesten Dinge zu relativieren, obwohl er ihnen mit ernsthaftem Engagement begegnet, kann wirklich Humor haben.

Der Fundamentalist und der dogmatisch festgefahrene Mensch können keinen Humor haben. Hat man je einen Terroristen lachen oder einen erzkonservativen Christen in Gelächter ausbrechen sehen? In der Regel sind sie so traurig wie auf ihrer eigenen Beerdigung. Man muss nur ihre verkniffenen Gesichter anschauen. Nicht selten handelt es sich um Reaktionäre, ja sogar gewalttätige Menschen.

Das verborgene Wesen des Humors liegt letztlich in einer religiösen Grundhaltung, auch wenn das in einer profanen Welt vergessen wurde, denn der Humor sieht alle Wirklichkeiten in ihrer Unzulänglichkeit angesichts der Letzten Wirklichkeit schlechthin. Humor und Fest machen sichtbar, dass es immer eine Sinnreserve gibt, die uns noch lachen und die Verse des portugiesischen Dichters Fernando Pessoa rezitieren lässt: „War es das wert? Alles lohnt sich, wenn die Seele nicht klein ist."

Frage: In den bisherigen Überlegungen wurde gesagt, dass die konkret gelebte Transzendenz die Quelle der Utopien ist. Von woher scheint uns heute ein utopischer Horizont auf?

Antwort: Angesichts des Gefühls des Ausgeliefertseins, das heute um sich greift, ist es dringend notwendig, den befreienden Sinngehalt der Utopie wiederzuerlangen. Wir leben tatsächlich inmitten einer zivilisatorischen Krise von planetarischen Ausmaßen. Jede Krise birgt Chancen der Veränderung in sich, aber ebenso die Risiken des Scheiterns. In der

Krise vermischen sich Angst und Hoffnung, besonders jetzt, da wir uns mitten im Prozess der globalen Erwärmung und mitten in der Krise der ökonomisch-finanziellen Globalisierung befinden.

Wir bedürfen der Hoffnung. Sie drückt sich in der Sprache der Utopien aus. Es liegt im Begriff der Utopie selbst enthalten, dass sie sich niemals völlig realisiert. Doch die Utopien bewirken, dass wir weiter auf dem Weg vorangehen. Wunderschön hat dies der Gaucho-Dichter Mário Quintana zum Ausdruck gebracht: „Wenn die Dinge unerreichbar sind ... nun, das ist kein Grund, sie nicht zu wollen! Wie traurig wären unsere Wege, wenn da nicht das zauberhafte Leuchten der Sterne wäre ..."

Die Utopie widersetzt sich der Wirklichkeit nicht, sie gehört ihr vielmehr an, denn die Wirklichkeit besteht nicht nur aus dem, was vorhanden ist (Immanenz), sondern auch aus dem, was möglich ist (Transzendenz) und sich eines Tages in das Vorhandene verwandeln kann. Die Utopie geht aus diesem Hintergrund von in der Geschichte und in jedem einzelnen Menschen vorhandenen Möglichkeiten hervor.

Der Philosoph Ernst Bloch hat den Begriff *Prinzip Hoffnung* geprägt. Das Prinzip Hoffnung ist mehr als die Tugend der Hoffnung. Bloch versteht darunter das unerschöpfliche Potenzial der menschlichen Existenz und der Geschichte, das es ermöglicht, gegenüber jeder konkreten Realität, gegenüber den raum-zeitlichen Beschränkungen, den politischen Modellen und den Barrieren, die das Leben, das Wissen, das Begehren und das Lieben eingrenzen, ein Nein auszusprechen.

Der Mensch sagt Nein, weil er zuallererst ein Ja gesagt hat: ein Ja zum Leben, zum Sinn, zu den Träumen und der ersehnten Fülle. Auch wenn der Mensch realistischerweise nicht die ganze Fülle am Horizont der historischen Konkretionen ausmachen kann, so hört er deshalb nicht auf, sich danach zu sehnen, mit einer Hoffnung, die niemals erkaltet.

Gleichsam schon im Todeskampf konnte Ijob zu Gott schreien: „Auch wenn du mich tötest, so hoffe ich immer noch auf dich!“ Die Erzählung vom irdischen Paradies im Buch Genesis (Kapitel 2–3) ist ein Hoffnungstext. Es ist keine Erzählung über vergangene Ereignisse, die nun vorbei sind und von denen wir Erinnerungen bewahren, sondern vielmehr eine Verheißung, eine Zukunftshoffnung auf die Begegnung mit dem, zu dem hin wir unterwegs sind. Bloch kommentiert: Die wahre Genesis ist nicht im Anfang, sondern am Ende.[9] Erst am Ende des Evolutionsprozesses werden sich die Worte der Schrift bewahrheiten: „Und Gott sah, dass alles gut war.“ Solange wir uns noch im Entwicklungsprozess befinden, ist nicht alles gut, es ist nur zu vervollkommnen. Das tun auch andere Religionen. Das Wesen des Christentums liegt vielmehr in der Behauptung, dass die Utopie (wörtlich übersetzt: das, was keinen Ort hat) zur Eutopie (zum guten Ort) geworden ist. Es gibt einen, in dem nicht nur der Tod besiegt wurde, was noch nicht viel wäre, sondern in dem alle im Menschen verborgenen Möglichkeiten zum Ausbruch kamen. Jesus ist der „neue Adam“, wie es Paulus ausdrückt, der verborgene Mensch, der nun offenbar wurde. Doch er ist nur der Erste unter vielen Brüdern und Schwestern, wir werden ihm folgen, ergänzt Paulus. Also ist uns ein ähnliches Geschick beschieden wie ihm.

Eine solche Hoffnung innerhalb unserer aktuellen düsteren Weltlage zu verkünden ist nicht unbedeutend. Sie verwandelt die mögliche Tragödie der Erde und der Menschheit, die sich aus den ökologischen und sozialen Bedrohungen ergibt, in eine reinigende Krise. Wir werden einen gefährlichen Übergang zu bewältigen haben, doch das Leben wird gesichert sein, und der Planet wird sich wieder erholen.

Die gesellschaftlichen Gruppen, die als Träger von Sinn gelten, die Religionen und christlichen Kirchen, müssen eine solche Hoffnung von den Dächern herab verkünden. Über Jesu Grab ist kein Gras gewachsen. Aus der Krise des

Karfreitags heraus entstand der Triumph des Ostersonntags. Deshalb kann die Tragödie nicht das letzte Wort sein. Das letzte Wort wird das Leben in seinem strahlenden Glanz haben. Wir dürfen es nicht zulassen, dass diese Gedanken bloß Utopien und Träume bleiben. Es kommt darauf an, damit anzufangen, sie in die Tat umzusetzen. Denn diese Verwirklichung ist es, die dazu führt, dass die Hoffnung nicht irgendetwas Eschatologisches bleibt, das heißt etwas, was sich am Ende der Zeiten einstellt, sondern auch etwas Historisches und Politisches, das bereits hier auf Erden umzusetzen ist. Das Christentum verheißt nicht nur das ewige Leben. Es verheißt auch einen neuen Himmel und eine neue Erde. Es gibt uns die Hoffnung, dass an dem Tag, den nur Gott kennt, der neue Mensch erstehen wird.

Zweiter Teil:

Konkrete Wege der Spiritualität

I. Warum suchen wir heute nach einer Spiritualität?

Es ist ein guter Gedanke, das Thema Spiritualität in den dramatischen Kontext - gefährlich und hoffnungsvoll zugleich - der Menschheit heute einzuordnen, vor allem der gedemütigten und erniedrigten Menschheit im Süden der Erde. Unsere Überlegungen wollen die Dringlichkeit einer Spiritualität in den Blick nehmen und ihre bleibende Aktualität angesichts der Mythen betonen, die die Kultur durchdringen: der Mythen über die Auslöschung der Gattung Mensch, der Vernichtung der Biosphäre, der Bedrohung der gemeinsamen Zukunft der Menschheit und des Planeten durch die Erderwärmung.

In solch dramatischen Situationen besinnt sich der Mensch auf den tiefen Grund des Seins und stellt sich grundlegende Fragen: Was tun wir auf dieser Welt? Was ist unser Platz innerhalb der Gesamtheit der Lebewesen und Seinsformen? Was müssen wir tun, um uns eine Zukunft zu sichern, die für alle Menschen und für unser gemeinsames Haus, dessen Gleichgewicht bereits schwer beeinträchtigt ist, Hoffnung bereithält? Was können wir über dieses Leben hinaus hoffen?

In diesem Kontext wollen wir die Frage nach der Spiritualität stellen. Die Spiritualität ist eine der wichtigsten, wenn auch nicht die einzige, Quellen für neue Inspiration, Hoffnung, umfassender Sinngebung und die Fähigkeit der Selbsttranszendenz des Menschen. Denn der Mensch empfindet sich nur dann im vollen Sinne als Mensch, wenn er sich in seiner Suche über das Menschsein hinaus orientiert. Grund dafür ist, dass er sich als unendlichen Entwurf erlebt, denn er ist strukturell des Unendlichen fähig und offen auf das Ganze.

Alle sprechen von Spiritualität, und dieses Thema kehrt innerhalb unserer Kultur immer wieder, und zwar nicht nur im Dunstkreis der Religionen, wo sie selbstverständlich beheimatet ist, sondern auch in den Suchbewegungen der Menschen, gleichermaßen bei jungen und alten, Intellektuellen und berühmten Wissenschaftlern wie - zu unserer Überraschung - auch bei großen Unternehmen. In den letzten Jahren habe ich in Brasilien und im Ausland Vorträge für Gruppen gehalten, die mit der internationalen Wirtschaftsmacht verbunden sind, mit Vertretern von transnationalen Konzernen und anderen Repräsentanten der Macht, die in ihre Erwägungen die Themen gesellschaftlicher Wandel, neues zivilisatorisches Paradigma, Produktivität der neuen Technologie der Automatisierung und Spiritualität des Menschen einbeziehen.

Manchmal beginne ich meine Vorträge mit den Worten: „Am Ende des Lebens wird sogar der Teufel, also ihr, ein Küster." Natürlich sage ich das im Tonfall eines Scherzes, denn es kommt nicht sehr oft vor, dass sich innerhalb der herrschenden Kultur Unternehmer mit Spiritualität oder anderen Themen, die mit dem Sinn des Lebens und des Universums zu tun haben, beschäftigen.

In jedem Fall macht die Tatsache, dass sich Unternehmer mit Spiritualität und anderen damit zusammenhängenden Fragen befassen, das Ausmaß der Krise deutlich, die uns bedrängt. Es bedeutet, dass die materiellen Güter, die sie produzieren, die Logik der Produktion, die sie vorantreiben, und das Wertegefüge, das ihr Handeln inspiriert, nicht ausreichen. Es gibt eine tief empfundene Leere, die Fragen aufwirft, wie etwa die nach ungeschuldeter Gabe und bedingungsloser Zuwendung, Spiritualität, Zukunft des Lebens und der Erde. Diese existenzielle Leerstelle ist so groß wie Gott selbst. Deshalb kann nur Gott sie erfüllen.

Es ist jedoch wichtig, dass wir uns stets einen kritischen Geist bewahren, denn mit Spiritualität lässt sich auch Geld verdienen. Es gibt regelrechte Unternehmen, die die Rede über Spiritualität dazu benutzen, ein ganzes Heer von Anhängern zu erzeugen, und die eher zu ihren Brieftaschen als zu ihren Herzen sprechen. Im Verlagswesen hat sich eine Strömung durchgesetzt, die sich fast ausschließlich mit Selbsthilfe-Literatur befasst; es werden hier Rezepte und Methoden angeboten, die mehr oder weniger unfehlbar sind, wenn es darum geht, Menschen zu helfen, die ihre Orientierung verloren haben und frustriert sind angesichts der Kultur, in die wir alle eingebunden sind.

Doch wir dürfen niemals vergessen, dass diejenigen, die Spiritualität ständig verkörpern, jene Menschen sind, die eine rechte Lebensführung, einen Sinn für Solidarität haben; in ihren jeweiligen Religionen und Kirchen oder durch die Art, wie sie denken, handeln und das Leben deuten, bereiten sie den heiligen Raum des Geistes. Wie oft bin ich ihnen begegnet und wurde im Austausch mit ihnen erbaut, selbst dann, wenn ich gebeten war, zu ihnen zu sprechen.

Wichtig ist also, dass es weltweit und über alle Länder hinweg ein Bedürfnis nach nicht materiellen, so genannten unantastbaren Werten, nach einer Neudefinition des Menschen als eines Wesens auf der Suche nach erfüllendem Sinn, auf der Suche nach Werten gibt, die sein Leben in tiefer Weise inspirieren. Überall finden wir Menschen, die von der hauptsächlich durch die politische Gesellschaft, in der wir zu leben gezwungen sind, definierten Ziele abgestoßen sind, die es ablehnen, jene Wege zu akzeptieren, die die Menschheit zu gehen gezwungen wird. Sie sagen: Wir verdienen etwas Besseres, wir müssen aus anderen Quellen schöpfen, ein anderes Licht finden, das unseren Weg erleuchtet und uns einen Hoffnungshorizont aufzeigt.

II. Spiritualität: innerer Wandel

Nun ist es an der Zeit, die Frage direkt zu stellen: Was ist nun Spiritualität?

Diese Frage wurde einmal dem Dalai Lama gestellt, und er gab darauf eine äußerst einfache Antwort:

„Spiritualität ist das, was im Menschen einen inneren Wandel hervorruft."

Der Fragesteller verstand nicht ganz und hakte nach:

„Aber wenn ich meine Religion ausübe und mich an die Überlieferungen halte, ist all das nicht Spiritualität?"

Der Dalai Lama antwortete:

„Das kann Spiritualität sein, aber wenn es bei dir keine Veränderung bewirkt, dann ist es keine Spiritualität."

Und er fügte hinzu:

„Eine Decke, die nicht wärmt, ist keine Decke mehr."

Da fiel der Fragesteller ein:

„Ändert sich die Spiritualität oder ist sie immer gleich?"

Und der Dalai Lama gab zur Antwort:

„Die Zeiten ändern sich, und die Menschen mit ihnen, wie die Alten schon sagten. Was gestern Spiritualität war, das muss es heute nicht mehr sein. Was gemeinhin Spiritualität genannt wird, ist nur die Erinnerung an alte Wege und Methoden der Religionen."

Und er fuhr fort:

„Der Mantel muss so zugeschneidert werden, dass er dem Menschen passt, und nicht umgekehrt: Nicht die Menschen müssen so bearbeitet werden, dass sie sich dem Mantel anpassen."

Mir scheint, dass als wesentliche Aussage aus diesem kleinen Dialog mit dem Dalai Lama festzuhalten ist: *Die Spiritualität ist das, was in uns eine Veränderung bewirkt.* Der Mensch ist ein Wesen der Veränderungen, denn er ist nie fertig, er schafft sich ständig selbst, physisch, psychisch, gesellschaftlich und kulturell. Doch es gibt verschiedene Arten von Veränderung. Es gibt Veränderungen, die die grundlegende Struktur nicht ändern. Sie sind oberflächlich, äußerlich oder bloß quantitativ.

Es gibt aber auch Veränderungen, die sich im Inneren vollziehen. Dies sind Veränderungen im wahren Sinn des Wortes, sie sind in der Lage, dem Leben neuen Sinn zu verleihen, neue Bereiche der Erfahrung und Vertiefung hinsichtlich des eigenen Herzens und des Geheimnisses aller Dinge zu erschließen. Nicht selten vollziehen sich solche Veränderungen im Kontext der Religion. Aber nicht immer. Das Besondere unserer heutigen Zeit gründet auf der Tatsache, dass die Spiritualität als tiefe Dimension des Menschen entdeckt wird, als notwendiges Moment, um den Prozess unserer Individuation voll zur Entfaltung zu bringen, als Raum des Friedens inmitten der Konflikte und Trostlosigkeiten in der Gesellschaft und im eigenen Leben.

III. Das Verhältnis von Spiritualität und Religion

Deshalb ist es wichtig, gleich zu Beginn eine Unterscheidung – wohlgemerkt, es geht um Unterscheidung, nicht Trennung! – zwischen Religion und Spiritualität vorzunehmen. An anderer Stelle hat dies der Dalai Lama in einer äußerst brillanten Formulierung getan, und zwar in einem Buch, das ein Weltbestseller geworden ist. Das ist ein Buch, das gelesen werden sollte, um Klarheit in die große Verwirrung zu bringen, die rund um das Thema Spiritualität und Religion, Ethik und Moral herrscht. Das sind Ausdrücke, die wir benutzen, ohne genau zu wissen, was sie bedeuten. Ich habe noch nie jemanden erlebt, der diese Themen mit so viel Klarheit und so überzeugend behandelt wie der Dalai Lama. Ich erlaube mir, aus diesem Buch einen Abschnitt zu zitieren, der mir eigene Worte dazu erspart, denn ich teile die Position des Dalai Lama:

Religion hat für mich mit dem Glauben an den Erlösungsanspruch der jeweiligen Glaubensrichtung zu tun, wozu auch gehört, dass man irgendeine Art übernatürlicher oder metaphysischer Realität als gegeben hinnimmt, etwa das Konzept „Himmel" oder das Konzept „Nirwana". Ferner gehören religiöse Lehren, Dogmen, Rituale, Gebete etc. dazu. Spiritualität verbindet sich für mich mit jenen Aspekten einer menschlichen Geisteshaltung – wie etwa Liebe und Mitgefühl, Geduld, Toleranz, Vergebung, Zufriedenheit, Verantwortungsgefühl –, die einen selbst und andere glücklich machen. Obgleich Rituale und Gebete im Hinblick auf Erlösung und Nirwana direkt mit einem religiösen Glauben verknüpft sind, ist diese Sichtweise der Dinge nicht zwingend notwendig. Daher gibt es keinen Grund, warum der oder die Einzelne sie nicht – sogar in hohem Maße – entwickeln sollte, ohne sich dabei auf ein religiöses oder metaphysisches Glaubenssystem beziehen zu müssen.[10]

Wie man sehen kann, sind diese Gedanken kristallklar, denn sie weisen auf die notwendige Unterscheidung von Religion und Spiritualität hin. Wenn man diese Unterscheidung einmal vorgenommen hat, dann können sie sich wieder aufeinander beziehen und zusammenwirken, doch ohne dass die eine notwendigerweise von der anderen abhängt.

Ich hatte das Privileg, diesen spirituellen Meister einige Male zu hören und dreimal mit ihm zusammen an einer Podiumsdiskussion teilzunehmen. Dieser Kontakt zu ihm hat mich davon überzeugt, dass wir es hier mit einer der am deutlichsten messianischen Persönlichkeiten unserer Zeit zu tun haben. Nur wenige besitzen eine so große Gabe wie der Dalai Lama, die Trauernden zu trösten, den Verzweifelten einen Sinn vor Augen zu führen und den Frieden zu verkündigen, der aus dem Dialog der Religionen erwächst, jener großen Umarmung der Völker, um die Menschheitsfamilie zu retten und dem gemeinsamen Haus, dem Planeten Erde, eine Zukunft zu sichern. Er zieht durch die ganze Welt, um diese Frohe Botschaft zu verkünden.

Bei einem informellen Gespräch in Berlin sagte er mir einmal: „Ich glaube, dass wir Tibeter, die wir im Exil leben und unsere Heimat verloren haben, dieselbe Berufung wie die Juden leben, als sie ihre Heimat verloren hatten und ins Exil nach Babylonien deportiert wurden. Dies war die günstige Gelegenheit, um die Traditionen miteinander zu verbinden, um den Zusammenhalt unter sich zu gewährleisten, die heiligen Schriften zu verfassen und unter den Völkern den Monotheismus zu verbreiten, das heißt den Glauben an den einzigen Gott, der, weil er einzig ist, der Gott aller Völker ist."

Und er sagte noch:

„Vielleicht liegt der Sinn unseres Exils darin, dass wir auf diese Weise gezwungen sind, durch die ganze Welt zu reisen und über die Spiritualität, den Frieden unter den Völkern und den Dialog der Religionen zu sprechen. Und genau das machen wir, mit großem Engagement und in großer Demut."

Ich bin davon überzeugt, dass der Dalai Lama diese Mission mehr als andere geistliche Führungsgestalten mit großer Leichtigkeit, voller Humor, erfüllt, aber gleichzeitig in einer Sprache, die aus dem Grund des Herzens emporsteigt und deshalb im tiefsten Sinne wahrhaftig, bewegend und überzeugend ist.

Die erste Unterscheidung also, die es vorzunehmen gilt, ist die zwischen Religion und Spiritualität. Ohne diese Unterscheidung werden wir der großen Bedeutung der Spiritualität in der heutigen Zeit nicht gerecht, die von einer säkularen Weltsicht und von einer Wiederentdeckung der geheimnisvollen Komplexität des menschlichen Subjektseins geprägt ist. Wir kennen die Religionen, denn wir leben in ihnen wie in unserer Sprache. Und sie stellen großartige kulturelle Leistungen dar. In erster Linie deshalb, weil jede Religion dem Menschen das Heil verspricht, das Leben verteidigt und uns die Ewigkeit erschließt. Und sie zeigt uns den Weg zu dieser Ewigkeit als einen Weg der rechten Lehre und eines tugendhaften Lebens.

Alle Religionen schaffen so eine Sichtweise von Gott, vom Himmel, eine Sichtweise dessen, was der Mensch ist und was er in dieser Welt tun soll. Sie entwickeln Lehrgebäude und weisen Wege zum Licht.

Doch die Religionen bieten nicht nur Predigten an, sie prägen auch das Handeln. Die Religionen sind Quellen der Ethik, das heißt von Verhaltensweisen. Im Fall des Christentums ist es das Verhalten, das letztlich zum Heil führt. Der Dalai Lama sagt im oben erwähnten Buch sehr oft, dass die Religionen nur dann retten, indem sie den Eintritt ins Nirwana und die Verwandlung der Menschen ermöglichen, wenn es ihnen gelingt, die rechte Weltsicht auch in eine mit ihr übereinstimmende Praxis umzusetzen: in liebevolles Verhalten den anderen gegenüber, in Mitleid mit denen, die leiden, in Verantwortungsbewusstsein für das Leben von Seinesgleichen und in ein Leben der völligen Loslösung, die uns offen dafür sein lässt, alles anzunehmen, was uns von der Wirklichkeit her zuwächst. Wenn es uns gelingt, diese Praxis zu leben, dann sind wir fähig, einen Weg zu bahnen, der unweigerlich auf das hinführt, was der Himmel, das Nirwana, die höchste Erfüllung des Menschen ist. Der Dalai Lama formuliert dies in seinen Worten folgendermaßen:

Meiner Ansicht nach ist daher das Ziel spiritueller und darum ethisch moralischer Praxis die Veränderung und Vervollkommnung des kun long (Grundhaltung, Grunddisposition; d. Übers.) eines jeden Einzelnen - damit wir bessere Menschen werden.[11]

Die Religionen errichten theoretische Gebäude - die Lehrinhalte -, entwerfen praktische Verhaltensweisen - die Moraldoktrin -, schaffen Feste und Symbole - die Liturgien und Riten. Doch sie erbauen auch Kunstwerke, große Tempel und Kathedralen. Man denke nur an die fantastischen hinduistischen Tempel in Indien oder an die großen mittelalterlichen Kathedralen, die in Stein gemeißelt oder auf Glas gemalt wahre theologische Summen enthalten. Mit Hilfe der Kunst allgemein, der sakralen Musik und der bildenden Kunst heben uns die Religionen zu Gott empor. Es gab stets eine treue und glückliche Verbindung zwischen Kunst und Religion.

IV. Wenn die Religion die Spiritualität vergisst

Die Religionen gehören zu den erhabensten Schöpfungen des Menschen. Alle haben sie mit dem Göttlichen, dem Heiligen und Spirituellen zu tun. Doch sie sind nicht das Spirituelle. Spiritualität ist etwas anderes. Die Religionen können sich konkretisieren und verselbstständigen, können die religiöse Macht mit anderen Mächten verbinden und so innerhalb eines nicht immer klaren Spiels von unterschiedlichen Interessen agieren.

Im Westen gab es Zeiten, in denen die religiöse Gewalt die absolute Vorherrschaft innehatte; sie setzte Könige ein und ab, förderte Kriege und verfügte Friedensschlüsse. Diese Jahrhunderte der Allianz zwischen Thron und Altar unter der Vorherrschaft des Altars waren vielleicht die Jahrhunderte der größten Gewalt, die der Westen je kannte: religiöse Gewalt im Namen Gottes mit Tausenden von Hexenverbrennungen und Inquisitionsopfern und verheerenden Religionskriegen. Indem die Religionen sich eine sichtbare Gestalt in Form geistlicher, sozialer, kultureller oder militärischer Macht (wie es beim früheren Kirchenstaat der Fall war) geben, verlieren sie die Quelle, die sie am Leben hält, das heißt die Spiritualität. Anstelle von charismatischen und spirituellen Persönlichkeiten bringen sie dann Bürokraten der sakralen Macht hervor, anstelle von Pastoren, die mitten unterm Volk leben, kirchliche Würdenträger über und neben dem Volk. Sie wollen keine schöpferischen, sondern lieber gehorsame Gläubige, sie fördern keinen reifen Glauben, sondern vielmehr den Infantilismus der Unterwürfigkeit. Das Ergebnis ist Mittelmäßigkeit, Anpassung, das Fehlen von Propheten und Märtyrern und das Verstummen des inspirierenden Wortes, das neuen Mut macht und neues Leben hervorbringt. Mit ihren Dogmen, Riten und Moralvorschriften können die Religionen zum Mausoleum des lebendigen Gottes werden.

Im Gegensatz dazu sind die Begründer spiritueller Wege – Buddha, Jesaja, Jesus Christus, Paulus und in neuerer Zeit Martin Luther King, Gandhi, Dom Hélder Câmara und Bischof Oscar Romero (als Vertreter eines Christentums der Befreiung) – immer zutiefst charismatische Menschen, die in außerordentlicher Weise im Geheimnis des Seins verwurzelt sind, die eine Begegnung mit der Letzten Wirklichkeit schlechthin hatten und davon Zeugnis gaben. Es sind Personen, die aufgrund der Begegnung mit Gott eine Lebensänderung erfuhren, die von einem tiefgehenden inneren Wandel ausging.

V. Die Spiritualität Jesu: Mystik und Politik

Ich glaube, dass für Jesus zwei Erfahrungen grundlegend waren, die zu wahren Säulen wurden, die bis heute das Christentum im Sinne einer Spiritualität und im Sinne von Kirche tragen: eine mystische und eine politische Erfahrung.

Die erste, die mystische, ist die Erfahrung, sich als Sohn Gottes zu empfinden. Sie drückt sich in der Anrede *Abba* aus, wie sie uns als ein authentisches Wort des historischen Jesus selbst überliefert ist (*ipsissima vox* heißt dies in der Fachsprache der Bibelwissenschaftler). Abba ist ein Wort aus der Kindersprache; so nennen die Kinder ihre Väter und Großväter. Es drückt Vertrauen, Hingabe, Zärtlichkeit und vollkommenes Wohlbefinden aus. Abba heißt ganz einfach „mein lieber Papi". Dieser Abba/Papa hat alle Eigenschaften der Mama, denn er ist voller unendlicher Barmherzigkeit und vergibt alle Undankbarkeiten und Übeltaten. Er ist der Vater des verlorenen Sohnes, der an der Straßenbiegung Ausschau hält, um zu sehen, ob der Sohn zurückkehrt, und als er kommt, läuft er ihm entgegen und bedeckt ihn mit Küssen. Hier wurzelt die Originalität der spirituellen Erfahrung Jesu. Es geht also um einen Gott, der Gefühle hat, der sein Inneres verändert und der Rührung zeigt, es ist ein Gott, der mehr Vater als Mutter und mehr Mutter als Vater für sich genommen ist. Besser noch: Er ist eine väterliche Mutter und ein mütterlicher Vater.

Jemand, der mit Gott spricht und ihn dabei Abba/Papa nennt, der empfindet sich selbst als der geliebte Sohn. Dies ist das Bewusstsein Jesu: Sohn des Vaters zu sein. Wir können, solange wir wollen, über das Selbstbewusstsein Jesu diskutieren, wie es die Neutestamentler gemacht haben. Als was hat er sich selbst betrachtet? Darauf gibt es viele, allesamt umstrittene Antworten. Fühlte er sich als ein eschatologischer Prophet? Als ein befreiender Messias? Als der Menschensohn? Über all diese Ausdrücke und ihre Bedeutung kann man diskutieren. Doch über jeden Zweifel erhaben ist die Tatsache, dass Jesus Gott Papa nannte und dass er sich selbst den Sohn im absoluten Sinne nannte. Zwischen Vater und Sohn gibt es eine natürliche Entsprechung. Wer Vater sagt, der sagt auch Sohn. Und wer Sohn sagt, der sagt auch Vater. Das ist eine Frage der Logik, die aber bei Jesus keine logische Frage war, sondern eine gefühlte Erfahrung der zärtlichen Liebe äußerster Intimität.

Da Jesus unser Bruder ist, Träger derselben Menschennatur wie wir, bedeutet dieses sein Bewusstsein eine offene Tür für jeden von uns. Er eröffnete uns die Möglichkeit, selbst diese Erfahrung Gottes als des geliebten Papas zu machen und uns als seine geliebten Söhne und Töchter zu empfinden. Dies macht unsere höchste Würde aus, dass wir zur Familie Gottes gehören, dass wir Gott in uns tragen und dass er uns in sich birgt. Bis heute ist es dem Christentum nicht gelungen, diese Erfahrung allen Menschen, so anders und so erniedrigt sie auch sein mögen, zu vermitteln, dass alle geliebte Söhne und Töchter des einen himmlischen Vaters und der einen himmlischen Mutter sind. Wie anders wäre dann der Bewusstseinsstand der Menschheit; es hätte ungeahnte praktische Konsequenzen, wenn alle sich aufrichten könnten und als Söhne und Töchter Gottes angenommen und respektiert würden. Gandhi lebte diesen politisch-religiösen Traum. Daraus schöpfte er Kraft für seine aktive Gewaltfreiheit und sein Engagement für die Befreiung Indiens aus der englischen Vorherrschaft und für die Würde derer, die als Nicht-Personen betrachtet wurden (die Unberührbaren, *dalith*).

Reich Gottes meint jene aktive und revolutionäre Anwesenheit Gottes im Universum: eine Präsenz im Kosmos, in den Gemeinschaften, in der Gesellschaft und intimste Anwesenheit in jedem einzelnen Menschen – denn Gott ist in jedem Menschen –, dies ist das Reich Gottes, von dem aus Gott selbst Veränderung bewirkt. Das Reich Gottes ist die verändernde Gegenwart eines Gottes, der uns nahekam und auf die Suche nach dem ging, was zu ihm gehört, seine Söhne und Töchter, um sie zu befreien, zu reinigen und auf diese Weise sie und alles zu verwandeln, was sie umgibt, die

Natur und das Universum. Jesus verkündet diese große Utopie, diese absolute Revolution als Anlass zur Freude für das ganze Volk, wie es im Lukasevangelium heißt.

Die Bekehrung, zu der Jesus auffordert, ist die spirituelle Veränderung. Er möchte, dass wir das Wesen der Spiritualität verwirklichen, wie wir es weiter oben beschrieben haben: das, was in uns einen inneren Wandel bewirkt. Doch diese Veränderung beginnt und endet nicht im Inneren einer Person. Von hier ausgehend entfesselt sie ein ganzes Netzwerk von Veränderungen in der Gemeinschaft, in der Gesellschaft, in den Beziehungen zur Natur und zum gesamten Universum. Für Jesus muss diese Veränderung mit den Allerletzten der Gesellschaft beginnen, den Armen und den „Verdammten dieser Erde". Das Reich Gottes fängt mit ihnen an: „Selig die Armen, denn euch gehört das Reich Gottes."

Die spirituelle Erfahrung Jesu vollzog sich in diesen beiden Bereichen: der intimen Beziehung zu Gott und der Politik. Er machte eine Veränderung durch: Er verließ seine Familie und begann, auf den Straßen zu predigen, Kranke zu heilen, Trauernde zu trösten, den Sündern Vergebung zuzusprechen und Tote zu erwecken. Doch vor allem anderen rief er in den Menschen eine liebevolle und innige Beziehung zum Abba/Papa wach und führte eine Ethik der bedingungslosen Liebe, der grenzenlosen Vergebung und des vorbehaltlosen Vertrauens auf die Absichten des Abba-Gottes ein.

VI. Jesus predigte das Reich Gottes und stattdessen kam die Kirche

Dies ist die Spiritualität Jesu; sie ist das Fundament, auf dem das historische Gebäude der Kirche entstand. In erster Linie übersetzte man die Erfahrung Jesu; diese Interpretation wurde in den vier Evangelien dargelegt. Dann wurden Gemeinden gegründet, für die Jesus der Bezugspunkt des Lebens und von dessen Sinn war. Es entstanden die Kirchen. Mit ihnen entstanden zugleich die ersten Hymnen, sakramentale Riten, Glaubensbekenntnisse und ethische und moralische Verhaltenskodizes. Nach und nach bildete sich so das Christentum in seiner historischen Gestalt heraus.

Doch man möge beachten: Jesus hat nicht die Kirche verkündet. Er hat das Reich Gottes und die innere Veränderung (Umkehr) gepredigt. Erst später entstand an dessen Stelle die Kirche als Gemeinschaft der Gläubigen, die an Jesus glauben. Diese Entwicklung ist fast zwangsläufig und unvermeidlich. Doch sie stellt etwas anderes dar. Sie kann mit der ursprünglichen Erfahrung Jesu nicht gleichgesetzt werden. Diese liegt der Kirche und ihren Institutionen zugrunde, aber sie ist nicht damit identisch. Eine Sache ist die Quelle glasklaren Wassers, eine andere dessen Kanalisierung für den Bedarf der Menschen. Das Wasserrohr ist nicht das Wasser selbst.

Unglücklicherweise haben die Christen oftmals das Reich Gottes mit der Kirche und Jesus mit dem Papst, dem Bischof und dem Priester gleichgesetzt. Eine solche Gleichsetzung stellt ein pathologisches Phänomen und eine Dekadenzerscheinung dar. Das Mittel wird so zum Zweck. Anstatt dass sich die Kirche als Weg zum Heil präsentiert, stellt sie sich irrigerweise als das Heil selbst dar. Anstatt dass sich die kirchlichen Würdenträger als Repräsentanten des gläubigen Volkes und Zeichen für Gottes Gegenwart verstehen, nehmen sie die Stelle Gottes selbst ein und fordern Verehrung und vollkommenen Gehorsam. Die Kirche muss wie eine Kerze sein. Es ist die Flamme, die Licht spendet, und nicht die Kerze. Die Kerze unterstützt die brennende Flamme nur, die ihr Licht verbreitet und Wärme spendet. Die Kerze ist die Kirche, die Flamme ist Jesus und dessen grundlegende Erfahrung.

Doch das, was im Christentum mit seinen vielfältigen Kirchen im Grunde zählt, ist die einzigartige Erfahrung Jesu von Nazaret. Wir sind seine Erben nicht deshalb, weil wir einer christlichen Institution angehören und uns an deren Vorschriften halten. Wir sind Erben, wenn wir versuchen, die Erfahrung Jesu immer wieder selbst zu machen, nämlich uns als Söhne und Töchter Gottes zu begreifen und zugleich auch die anderen als solche zu betrachten. Dann behandeln wir sie mit höchstem Respekt, weil wir Gott, der in jedem Menschen geboren wird und aus allen seine Kinder und damit unsere Geschwister macht, in Ehrfurcht betrachten.

Wenn die christliche Religion in ihren unterschiedlichen kirchlichen und institutionalisierten Formen diese Erfahrung beständig weckt, dann wird sie zu einem spirituellen Weg. Sie stellt reine Spiritualität dar. Doch wenn sie unser Inneres nicht verwandelt, dann bleibt sie bloß eine Religion der Vertröstung und eine, die das Heil aufgrund der Furcht vor der Verdammnis verkündet, deren Riten und Symbole auf dem religiösen Markt feilgeboten und missbraucht werden können (insbesondere durch die Medien). Sie weckt dann bloß Emotionen, anstatt innere Veränderung durch die Erfahrung des lebendigen Gottes und Engagement für die Gerechtigkeit, für den Frieden und die Bewahrung der Schöpfung zu bewirken. Sie kann sich also in Opium und einen schlichten Fetisch verwandeln. Wir können uns sogar mit Hilfe der Religion an Gott versündigen und mit der Religion die Spiritualität auslöschen.

Deshalb ist das zweite Gebot im Dekalog, den Namen Gottes nicht zu missbrauchen, so weise. Möglicherweise ist es das Gebot, gegen das die Kirchen am meisten verstoßen, vor allem die Kirchen, die die Massenmedien für sich benutzen. In den Radio- und Fernsehprogrammen stößt man allenthalben auf Jesus, ohne jeden Sinn für Ehrfurcht und Zurückhaltung, als ob Gott und die heiligen Schriften ein Geldstück wären, das für jeden beliebigen Zweck in Umlauf ist. Der Name Gottes wird für die Interessen der Menschen missbraucht; es geht nicht mehr um das Interesse Gottes selbst, sondern um die Interessen der Menschen, die im Widerspruch zur Natur, zum Heiligen und zum Spirituellen stehen.

VII. Spiritualität im Abendland

Ich möchte für einen Augenblick auf dem Gebiet des spezifisch Christlichen verweilen, um grundlegende Überlegungen zur Spiritualität anzustellen, die den zwei großen spirituellen Grundströmungen der Menschheit im Osten und im Westen zugrunde liegen. Es geht um paradigmatische spirituelle Wege, die jeweils einen großartigen inneren Reichtum bieten, sich unterscheiden und sich alles in allem doch ergänzen. Aus diesen zwei Erfahrungsweisen heraus hat man majestätische institutionelle Gebäude errichtet und Religionen von großem Einfluss und großer Anziehungskraft geschaffen, zu denen sich die große Mehrheit der Menschen zählt. Was wir darüber sagen werden, ist äußerst holzschnittartig, denn wir konzentrieren uns auf die jeweilige ursprüngliche Intuition der beiden spirituellen Wege. Die zwei grundlegenden Thesen lauten:

Es gibt einen Weg der persönlichen Gemeinschaft mit Gott, die alles in sich miteinschließt.

Es gibt einen Weg der Gemeinschaft mit allem, die Gott miteinschließt.

Die erste These liegt dem abendländischen Weg zugrunde, die zweite dem östlichen. Osten und Westen vereinen sich und schenken uns die Möglichkeit einer umfassenden Erfahrung Gottes oder des Göttlichen bzw. des Geheimnisses.

Ich enthalte mich von vornherein eines jeden Werturteils diese zwei Wege betreffend und frage nicht, wie es so viele irrtümlicherweise gemacht haben, welcher von beiden der bessere oder der eher zeitgemäße Weg ist oder welcher dem Willen Gottes eher entspricht.

Da wir uns schon mehrmals auf den Dalai Lama bezogen haben, erlaube ich mir, ein Stück aus einem Gespräch mit ihm wiederzugeben, das ich vor Jahren mit ihm führte und das uns helfen wird, die Frage, um die es hier geht, besser zu begreifen. Wir nahmen beide an einer Diskussionsrunde über Religion und den Frieden unter den Völkern teil, und während einer Pause fragte ich ihn etwas boshaft, aber nicht ohne ernsthaftes theologisches Interesse in meinem schlechten Englisch:

„Heiligkeit, was ist die beste Religion?"

Ich erwartete, dass er sagen würde: der tibetanische Buddhismus oder die östlichen Religionen, die viel älter sind als das Christentum.

Er machte eine kleine Pause, lächelte und sah mir direkt in die Augen, was mich ein wenig verlegen machte, denn ich wusste sehr wohl um die Hinterhältigkeit meiner Frage. Dann sagte er:

„Die beste Religion ist diejenige, die dich selbst besser macht."

Um der Verblüffung angesichts einer so weisen Antwort zu entgehen, setzte ich nach:

„Was macht mich denn besser?"

Er antwortete: „Das, was dich barmherziger macht (und hier klingt tatsächlich der Buddhismus und Taoismus Tibets wider), das, was dich empfindsamer macht, was dich selbstloser, liebevoller, menschlicher, verantwortungsvoller macht ... Die Religion, der es gelingt, all das aus dir zu machen, ist die beste Religion."

Ich schwieg voller Bewunderung, und bis heute beschäftigt mich diese weise und unwiderlegbare Antwort.

Wir können also nicht behaupten, dass das Christentum an sich bereits – wie es heute von den höchsten und in sich abgeriegelten Kreisen des Vatikans vertreten wird – über das beste und vollständigste Arsenal von Heilsmitteln verfügen würde, die Konkurrenz der anderen Religionen weit hinter sich ließe und der einzige Weg zum Heil wäre, den Gott will. Eine solche Haltung ist nicht nur überheblich, sondern sitzt auch einem Irrtum auf, denn der gesamte göttliche Ozean kann von unserem Fassungsvermögen nicht aufgenommen werden, und die Größe Gottes bleibt unerschöpflich für unser Reden über ihn.

Im Licht dessen, was der Dalai Lama sagte, ist jeder von uns dazu aufgefordert, sich zu fragen: Welches ist mein Weg? Wo kann ich zu einer radikaleren Begegnung mit Gott finden und ihm meine Ehre erweisen? Wo kann ich tatsächlich zu einem Wesen mit Ausstrahlung werden, das zusammen mit anderen fähig ist, in Richtung mehr Menschlichkeit, mehr Vergebung und mit Integrationskraft zu wachsen, damit niemand aus unserer Welt, unserer Gemeinschaft und unserer Liebe ausgeschlossen bleibt?

Sehen wir uns in knapper Form den Weg des Westens an. Er wurde wesentlich von der jüdisch-christlichen Erfahrung geprägt. Diese hat ihren Schwerpunkt in der Begegnung mit Gott, einem Gott, der sich offenbart, seinen Namen nennt: Jahwe, was so viel bedeutet wie „Ich bin der, der ganz und gar da ist und mit dir unterwegs ist, dich begleitet und mit dir einen Dialog beginnt."

Das Verhältnis zu Gott ist persönlich und vom Dialog gekennzeichnet. Es ist eine Begegnung von Ich und Du, eine Begegnung unter Ungleichen, die aber durch Öffnung, Freundschaft und Liebe eine Gemeinschaft stiften und einen Bund eingehen. Der Dialog ist ein fundamentales Geschehen. Das haben Philosophen der existenziellen Begegnung wie Martin Buber und andere aufgezeigt.

Anthropologisch gesprochen bildet sich in diesem Dialog zwischen Ich und Du die Identität des Menschen heraus. Ausgehend vom Du entdecken wir unser eigenes Ich. Es geht nicht um eine bloß verstandesmäßige Begegnung mit einem Gott, der nur in unserem Kopf Platz hätte. Es ist vielmehr eine grundlegend von Liebe geprägte Begegnung, in der wir uns von der Wirklichkeit Gottes umfangen fühlen. Es ist eine Begegnung im umfassenden Sinne, denn sie rührt unser Innerstes an, bringt uns dazu, auf die Knie zu fallen wie Mose oder Petrus, zu weinen, zu tanzen und zu lobpreisen.

Wir führen ein von Liebe geprägtes Zwiegespräch mit Gott und wollen ihn in einem echten Prozess der Liebe besser kennenlernen. Wenn wir uns in einen anderen Menschen verlieben, dann wird alles, was ihn betrifft, interessant: wo er geboren ist, wer seine Familie ist, wer seine Freunde sind, wo er zur Schule gegangen ist, was ihm Freude macht. Jedes Detail wird wichtig und zu einem Sakrament, denn in dieser Begegnung wachsen wir, an ihr begeistern wir uns und in ihr machen wir die Erfahrung unserer radikalsten Öffnung auf den anderen hin, so weit, dass wir alles dafür geben würden, mit ihm zusammen zu sein, das eigene Schicksal mit seinem zu verbinden und mit ihm eins zu werden. In dieser Erfahrung fühlen wir uns im radikalen Sinn als Menschen, und wir können uns das Glück und die Ewigkeit nicht anders vorstellen denn als Verlängerung dieser Erfahrung in ihrem Vollsinn ins Unendliche hinein.

In unserem Verlangen, uns mit der geliebten Person zu vereinen, verändern wir unsere Gewohnheiten, verzichten wir auf Tausenderlei Dinge, wir scheuen weder Zeit noch Mühen, um diesen Menschen zu treffen. In der Perspektive dieser Erfahrung fand auch die Begegnung mit Gott im Westen statt: eine Begegnung in wachsender Liebe, die uns dazu führt, ihn immer besser verstehen zu wollen, um ihn immer besser lieben zu können, ohne Unterlass.

Wer die Texte der großen christlichen Mystiker wie Johannes vom Kreuz, Teresa von Avila oder Meister Eckhart liest, der stößt auf Schritt und Tritt auf diese Erfahrung liebender

Zuwendung. Nur wer eine radikale Liebesbegegnung mit Gott hat, kann wie Johannes vom Kreuz schreiben:

Eil', deine Gegenwart mir zu enthüllen,
Lass mich vom Anblick deiner Schönheit sterben;
Denn sieh, mein Liebesschmerz ist nur zu stillen,
Wenn du den dichten Schleier hebst, den herben,
Und mich den Anblick lässt deiner Gestalt erwerben.[12]

Dasselbe gilt für Teresa von Avila in einem ihrer berühmten Gedichte:

Ich lebe, doch schon außer mir,
seit ich aus Liebe sterbe,
denn nun leb ich im Herrn,
der mich für sich erwählte.
Als ich mein Herz ihm übergab,
hat er dort eingeschrieben,
dass sterbend ich nicht sterbe.[13]

Wenn wir uns wieder Johannes vom Kreuz zuwenden, dann können wir feststellen, wie diese Begegnung einer ständigen Suchbewegung der Liebe gleicht, die sich hingibt und wieder zurücknimmt:

Ihr Hirten, die ihr durch die Hürden gehet,
Zu der erhab'nen Höhe grünem Plan,
Wenn ihr vielleicht den Vielgeliebten sähet,
Dem ich in heißer Liebe zugetan,
O sagt ihm, dass vor Leid ich nicht mehr leben kann.[14]

Eine solche Redeweise ist nur vor dem Hintergrund einer mystischen Ich-Du-Beziehung möglich, einer Begegnung, innerhalb derer es immer auch den Gegensatz gibt, in dem das Geheimnis einer Person, so sehr man sie auch kennt und liebt, nie völlig aufgelöst wird. Sie verbirgt und offenbart sich, sie gibt sich und nimmt sich zurück. Deshalb ist es eine Begegnung, auf der ein Zauber liegt, die etwas Faszinierendes hat, die voller Achtsamkeit und Respekt ist, in der die Grenzen respektiert sein müssen, denn die geringste Geste könnte die Erfahrung der Begegnung insgesamt trüben.

Da alles mit Gott wie mit einer Nabelschnur verbunden ist, begegnen wir von Gott her allem. Gott breitet seine Gegenwart im Universum aus und dringt ins Innerste von allen Seinsformen. Das Universum und alle Dinge begegnen einander in Gott. Um dieses wechselseitige Inne-Sein zum Ausdruck zu bringen, hat die Theologie den Begriff des *Panentheismus* geprägt. Das heißt: Gott ist in allen Dingen, und alle Dinge sind in Gott. Das ist kein Pantheismus, für den alles ohne Unterschied Gott ist. Gott und Welt werden in ihrer jeweiligen Unterschiedenheit belassen, denn der eine ist Schöpfer, und die andere Geschöpf. Doch sie durchdringen einander und sind füreinander gegenwärtig: der in allen Dingen anwesende Gott und umgekehrt, ohne irgendeine Distanz. Er ist im Grunde unseres Herzens anwesend, und deshalb sind wir nicht fern von ihm. In ihm leben wir, bewegen wir uns und sind wir, wie Paulus seinen Zuhörern auf dem Marktplatz von Athen in Erinnerung ruft. Wir sind in ihm wie in der Luft, die wir atmen. Und er ist in uns wie unsere Lungen, die von der Luft belebt werden.

Genau dies ist es, was der außergewöhnliche moderne Mystiker und Naturwissenschaftler Pierre Teilhard de Chardin das „göttliche Milieu“[15] nannte. Wir sind in Gott. Niemals verlassen wir Gott oder gehen zu Gott, denn wir sind stets in ihm. Die Aufgabe des Glaubens ist es, diesen Gott zu entdecken, der in allen Dingen anwesend ist, wenn auch verborgen in tausenderlei Gestalt. Das Universum ist ein einziges großes Sakrament. Die Materie ist heilig. Die Natur ist von Geist durchdrungen, spirituell. Warum? Weil sie Tempel Gottes ist. Gott ist in allem und alles ist in Gott, alles spiegelt sich wider in Gott. Das Universum ist Gott nicht gleichgültig, es ist in seinem Herzen und gehört zum Reich der Dreieinigkeit.

Der heilige Franz von Assisi hat in Gestalt seiner kosmischen Spiritualität dieses „Gott in allen Dingen und alle Dinge in Gott“ gelebt. Deshalb hat er die Gotteskindschaft auf alle Lebewesen und Seinsformen ausgedehnt, die folglich unsere Brüder und Schwestern sind: Bruder Mond, Schwester Wasser und Bruder Feuer ebenso wie Bruder Leib und Bruder Tod.

Ich halte für zutiefst tröstlich, was Papst Johannes Paul II. uns sagt und was er in seinen Predigten an die Welt so oft wiederholt hat: dass wir aus einem Akt der Liebe Gottes hervorgehen, dass wir im Herzen des Vaters verankert sind. Wenn man diese These zu einem Dogma macht, dann ist es bloß ein Lehrsatz neben vielen anderen. Doch wenn sie in einer Bewegung des Herzens Gestalt gewinnt, dann machen wir eine spirituelle Erfahrung tiefer Befreiung. Warum sollten wir Angst haben, wenn Gott mit uns ist? Warum sollten wir Angst haben, wenn wir in seinen Händen sind? Warum zittert unser Herz, wenn der Allerhöchste in ihm wohnt?

Das Leben wird leicht, es verwandelt sich in etwas Bezauberndes und in Poesie. Deshalb spricht alles von Gott zu uns, wie in den Gedichten des Johannes vom Kreuz oder im Sonnengesang des Franz von Assisi. Und das Schaf, die Flur, die Luft, das Wasser, das Feuer – all das sind zahlreiche Verweise auf den Gott in allem, was uns umgibt. Die lebendige Glaubenserfahrung verwandelt und sakramentalisiert die Wirklichkeit, trotz aller Widersprüche, die stets da sein werden. Doch sie können die Spuren, die die Liebe hinterlässt, nicht vernichten. Treffend hat es Blaise Pascal zum Ausdruck gebracht: „An Gott glauben heißt nicht: Gott denken. An Gott glauben heißt: Gott spüren.“ Und das Herz ist es, das Gott spürt.

Die Herausforderung für uns besteht also darin, zu entdecken, wie wir vom Kopf, in dem die Lehre über Gott steckt, zum Herzen gelangen, wo wir die lebendige Wirklichkeit Gottes finden. Gott ist in unserem Herzen. Im ersten Johannesbrief heißt es: „... was wir gehört haben, was wir mit unseren Augen gesehen, was wir geschaut und was unsere Hände angefasst haben, das verkünden wir ..." (1 Joh 1,1). Es geht um eine konkrete Erfahrung: anfassen, spüren, sehen. Das westliche Christentum machte diese spirituelle Erfahrung, die es ihm ermöglichte, die gesamte Wirklichkeit in Gott vereint zu sehen.

Dieser Glaube muss stark sein, um Gott wirklich in allen Dingen sehen zu können, auch in denen, die von den schärfsten Widersprüchen geprägt sind. Das gilt sogar selbst für die Vernichtungslager der Nazis und für die Folterkammern unserer Militärregime. Wer Gott in allem erfährt, für den ist selbst diese Anti-Wirklichkeit nicht außerhalb Gottes, so skandalös dies auch erscheinen mag.

Vielleicht können wir innerhalb dieser schrecklichen Abwesenheit die Gründe der göttlichen Anwesenheit nicht kennen, so sehr wir auch versuchen, dieses Geheimnis zu durchdringen. Sicher werden wir letztlich mit Thomas von Aquin das sagen müssen, was er am Ende seines Traktates über das Böse gesagt hat: „Wir verstehen das Böse nicht, doch wir glauben, dass Gott so mächtig ist, dass er aus dem Bösen etwas Gutes entstehen lassen kann, denn wenn das nicht so wäre, dann wäre Gott nicht allmächtig."

Nur aus diesem lebendigen Glauben heraus können wir in den Gesang einstimmen, der in der katholischen Liturgie der Osternacht gesungen wird: „O felix culpa", o glückliche Schuld, durch die wir die Barmherzigkeit Gottes in niedriger Menschengestalt erfahren durften und die uns erkennen ließ, dass wir niemals von Gott entfernt und außerhalb von ihm sind. Aus dieser Erfahrung der Begegnung heraus entstanden die vielen Ordensgemeinschaften und spirituellen

Bewegungen, die den Gott in allen Dingen und alle Dinge in Gott in tiefer Gemeinschaft und liebevoller wechselseitiger und allseitiger Verbundenheit bezeugen - ob es nun die Sufi-Mystik eines Rumi oder Ibn Arabi oder die christliche Mystik eines Franz von Assisi, eines Johannes vom Kreuz oder Teilhard de Chardins ist. Dies ist der spirituelle Weg des Westens.

VIII. Fernöstliche Spiritualität

Der Osten schlug einen anderen Weg ein, in gewisser Weise einen großartigeren als der unsere, weil er älter und umfassender ist. Die erste Erfahrung, die ein Mensch - ein Mönch, ein Anhänger einer spirituellen Richtung - im Osten macht, ist die der Totalität, das heißt der Einheit der Wirklichkeit. Die Dinge stehen nicht nebeneinander, sind einander nicht entgegengesetzt, sondern sind allesamt symphonisch, untereinander verbunden. Es gibt eine große Einheit, aber eine in sich komplexe Einheit, die viele Ebenen, viele unterschiedliche Seinsformen hat, die allesamt aufeinander und auf sich selbst bezogen sind. Und deshalb sind sie in einer tiefen und intensiven Dynamik miteinander vereint.

Wenn der Meister die Frage stellt: „Wer bist du?", dann deutet er auf das Universum und sagt: „Du bist dies alles, wir sind diese gesamte Wirklichkeit, wird sind Teil und ein Stück von allem, wir sind das Ganze."

Unser grundlegender Irrtum und das Drama des Menschen ist es, sich als ein Teil zu fühlen und das Bewusstsein davon zu verlieren, Teil des Ganzen zu sein. Der Mensch empfindet sich als ein einzelnes lebendiges Glied und vergisst, dass dieses Glied zum großen Strom des Lebens insgesamt gehört. Wie können wir unser Bewusstsein, das einzigartig und persönlich ist, mit dieser Totalität in Verbindung bringen?

Alles Streben der Menschen im Orient besteht darin, einen Weg zu bahnen, der zu einer Erfahrung der Totalität führt. Es handelt sich darum, wie sie selbst es ausdrücken, eine Erfahrung der Nicht-Dualität zu machen. Das heißt: sich als Stein, Pflanze, Tier, Stern, mit einem Wort als das Universum zu empfinden.

Der Dalai Lama selbst hat einmal erzählt, dass er von amerikanischen Wissenschaftlern in ein nukleares Forschungszentrum mitgenommen wurde. In einer Vorrichtung zeigten sie ihm die Spuren, die die Elektronen hinterlassen, wobei jedoch niemand ein Atom sehen kann, geschweige denn ein Elektron, sondern nur die Spuren ihrer flüchtigen Anwesenheit. Der Dalai Lama lächelte und sagte:

„Bereits als ich jung war, habe ich alle Atome, alle Elektronen, alle Protonen und die entferntesten Sterne gesehen, denn ich wurde in die Gemeinschaft mit allen Dingen eingeführt."

Das Elektron ist also nicht da draußen, es ist hier drinnen, und der Dalai Lama selbst identifizierte sich mit ihm. Der Buddhismus leitet die Menschen zur Entdeckung des Tao an, das sich in allen Dingen findet. Jedes Wesen besitzt sein Tao. Wenn wir uns mit dem Tao aller Dinge verbinden, dann vereinigen wir uns auch und tauchen ins Ganze ein. Dazu heißt es in einem kleinen Gedicht von Tschuang-tse, das von Thomas Merton in seinem Buch *Der Mann des Tao und andere Geschichten* übersetzt worden ist:

Meister Dong-guo bat Tschuang:
„Zeigt mir auf, wo man das Tao finden kann!"
Tschuang-tse erwiderte:
„Es gibt keinen Ort, an dem es nicht zu finden wäre."
Der andere drängte:
„Zeigt mir wenigstens e i n e n klar erkennbaren Ort auf,
an dem man das Tao finden kann."

„Es ist in der Ameise", sagte Tschuang.
„Und in einem noch geringeren Lebewesen?"
„Es ist auch im Unkraut."
„Und wohl gar noch weiter unten auf der Stufenleiter der Wesen und Dinge?"
„Es ist in diesen Tonscherben."
„Und noch weiter unten?"
„Es ist in diesem Scheißhaufen."
Hierauf sagte Dong-guo nichts mehr.
Aber Tschuang fuhr fort:
„Keine Eurer Fragen berührt den Kern der Sache.
Sie gleichen den Fragen von Aufsehern auf dem Markt,
die das Gewicht von Schweinen prüfen,
indem sie ihnen in die magersten Partien piken.
Was bringt das denn – nach dem Tao zu suchen,
indem man die ‚Stufenleiter des Seienden' hinunterschreitet,
so als ob das, was wir das ‚Geringste' nennen,
einen geringeren Anteil vom Tao hätte?
Das Tao ist groß in allen Dingen.
Es ist vollständig, allumfassend und ganz
in jedem Seienden. Diese drei Aspekte
sind voneinander unterscheidbar,
betreffen aber ein und dieselbe Wirklichkeit."[16]

Wie man sieht, durchdringt das Tao alles und bewirkt, dass das Unterschiedene im Einen mündet. Wie macht man die Erfahrung von diesem Einen, welches das Ganze ist?

Eine der ersten Übungen des orientalischen Mystikers, ob nun im Yoga oder auf dem Weg des Tao, ist die Übung des Lichtes, die auch viele Menschen im Westen kennen und praktizieren. Man nimmt ein Licht in den Blick, das aus dem tiefsten Inneren des Universums kommt und über dem Haupt eines Menschen leuchtet. Dieses Licht wird verinnerlicht und ergreift den Körper, von dessen Mitte breitet es sich aus über das Herz, über jeden Teil des Organismus, nimmt vom ganzen Wesen Besitz, breitet sich noch weiter aus, erstreckt sich über die Wände des Raumes, die Bäume, die Berge, den Ozean und dehnt sich über das ganze Universum hin aus, bis der Mensch sich als ein Einziges mit dem Ganzen empfindet. So vollzieht sich eine Erfahrung der Nicht-Dualität. Wir sind das alles.

Während der spirituelle Weg des Ostens auf die Innerlichkeit des Menschen abzielt, strebt unser spiritueller Weg nach der Außendimension, der Exteriorität. Der eine ist der Weg nach außen, durch die Eroberung des äußeren Raumes, das Erreichen der äußersten Grenzen, das Streben nach den unendlichen Weiten des Himmels über unseren Köpfen. Der andere ist der Weg nach innen, zu den verschlungenen Pfaden unserer Sehnsüchte und Wünsche, zu unseren tiefsten Absichten bis hin zum Herzen selbst.

Ein buddhistischer Mystiker aus Sri Lanka sagte: „Der Weg nach innen ist genauso gefährlich wie der Weg nach draußen." Er ist ebenso riskant wie die Reise zum Mond, zum Mars, zu den entferntesten Galaxien, denn wir laufen Gefahr, uns zu verirren und zu verlaufen, ja sogar unterzugehen und zu sterben. Die östliche Mystik versucht ein inneres Zentrum von solcher Stärke und Kraft zu schaffen, dass sich die gesamte Wirklichkeit darum bewegt, um so die Wahrnehmung der Totalität neu zu vollziehen. Und wir bewegen uns in dieser Totalität wie in unserem Haus, mit großer Heiterkeit, ohne jede Angst, denn nichts kann uns bedrohen, alles ist in den Umkreis dieses mächtigen Zentrums einbezogen, das durch die Meditation, durch die Loslösung und durch einen völlig in sich stimmigen ethischen Weg entstanden ist.

Auf dem Boden dieser beiden Erfahrungen wurden die historischen Gebäude des Buddhismus, des Hinduismus, des Taoismus errichtet, sei es nun in Japan oder in Korea. Sie alle sind konkrete kulturelle Ausdrucksweisen dieser Grunderfahrung, die, wie im Westen auch, die vielen spirituellen und religiösen Institutionen hervorgebracht hat. Hinter einer jeden von ihnen steht eine spirituelle Erfahrung.

Es wäre auch höchst interessant, die spirituellen Erfahrungen zu ergründen, die sich hinter den afrobrasilianischen Religionen verbergen, die etliche Millionen Menschen in unserem Land praktizieren. Es ist eine zutiefst ökologische Erfahrung rund um die Wirklichkeit des Axé, die mehr oder weniger dem Shi der Orientalen oder dem Heiligen Geist der jüdisch-christlichen Tradition entspricht. Es handelt sich um eine kosmische Energie, die das gesamte Universum durchdringt und alle Wirklichkeit formt, sich im Menschen konkretisiert, und zwar grundsätzlich eher in der Frau als im Mann, und bewirkt, dass alle Wirklichkeit ausstrahlt und lebt. Der Exu ist nicht der Dämon, den wir austreiben müssen, sondern der Träger des Axé, der universalen Energie, par excellence. Das Axé handelt in uns als Kraft der Ausstrahlung, als Offenheit, um mehr Energie aufzunehmen und sie in den Dienst der anderen zu stellen. Es würde viel Zeit in Anspruch nehmen, diesen Weg nachzugehen, aber wir würden damit Millionen von Schwarzen und Anhängern der Afro-Religionen Gerechtigkeit widerfahren lassen. Doch wir müssen das einer anderen Gelegenheit vorbehalten.

Die Wege des Westens und des Ostens sind nicht gegensätzlich, sie ergänzen vielmehr einander. Beide zielen im Grunde darauf ab, das in uns zu schaffen, was wir so sehr suchen: einen Mittelpunkt, von dem aus sich alles zusammenfügt und der es uns ermöglicht, die Totalität zu leben. Wie wir dieses Zentrum nun genau nennen, ist nicht sehr wichtig. Doch es entspricht dem, was Gott, Tao, Olorum bedeuten. Dieses Zentrum ist in uns, aber es übersteigt uns auch. Es ist das lebendige innere Geheimnis unseres Lebens und des ganzen Universums.

IX. Die Religionen im Dienst der Spiritualität

Um unser Thema wieder aufzunehmen, möchte ich betonen, dass wir es dann mit Spiritualität zu tun haben, wenn wir in die Tiefe unseres Selbst eintauchen und die Wirklichkeit als ein Ganzes erfahren. Geist ist jenes Moment unseres Bewusstseins, das uns die Augen dafür öffnet, dass wir Teil eines Ganzen sind und dem Ganzen angehören.

Spiritualität hat mit Erfahrung zu tun, nicht mit einer Lehre, mit Dogmen, mit Riten oder liturgischen Feiern. Dies alles sind nur institutionalisierte Wege, die uns im Hinblick auf die Spiritualität helfen können, aber sie sind der Spiritualität nachgeordnet. Sie sind aus der Spiritualität heraus entstanden, sie können Spiritualität enthalten, aber sie sind es nicht. Sie sind Wasser in Rohrleitungen, nicht die Quelle klaren Wassers.

Es ist großartig, wenn es der Religion oder einem bestimmten spirituellen Weg tatsächlich gelingt, die spirituelle Erfahrung zu kanalisieren und uns ständig Wasser aus der Quelle zu trinken zu geben. In diesem Fall handelt es sich dann um eine Religion, die ihre wahre Funktion beibehält, die Respekt vor den Gefühlen der Menschen hat und sie deshalb nicht manipuliert oder das Gewissen einschüchtert und die Gläubigen im Netzwerk ihrer Dogmen festhält. Sie versteht alles als Hinweis auf das Geheimnis, als Verweise auf das Unaussprechliche. Sie ist erst dann zufrieden, wenn sie den Menschen dazu bringt, sich in diese höchste Wirklichkeit zu vertiefen, und nicht, wenn er zum unterwürfigen Anhänger ihrer Lehren, Riten und Moralvorschriften wird. Es ist nicht leicht, dieses dialektische Verhältnis zwischen Religion und Spiritualität aufrechtzuerhalten. Oftmals gelangen wir nur dann zu einer wirklichen spirituellen Erfahrung, wenn wir das Gebäude der Religion abtragen, so, wie wir die Schlacke entfernen, um das wertvolle Gold zu erhalten.

Beispielhaft in diesem Sinne ist das Buch Ijob.[17] Es umfasst 42 Kapitel, in denen Ijob Schritt für Schritt die Religion mit ihren Lehrsätzen, ihrer Gerechtigkeit und ihren Anmaßungen zerpflückt. Ijob beginnt mit seiner Frau, mit seinen vier Freunden und schließlich mit allen, die in seine Nähe kommen, zu streiten, bis er schließlich Gott selbst die Stirn bietet: Und Gott nimmt die Herausforderung an und sagt:

„Mit dem Allmächtigen will der Streitbare sich anlegen? Derjenige, der Gott anklagt, möge antworten!"

Hierin liegt die größte Anmaßung Ijobs, unsere höchste Würde. Wir verzetteln uns nicht in kleinen Streitereien. Gott selbst ist es, dem wir entgegentreten. Die Psalmen zeigen dies gut. Sie sind – neben den vielen Lobpreisen und Danksagungen – voller Anklagen, bis hin zu Gotteslästerungen und Schreien gegen den Himmel. Doch in all dem vollzieht sich die Erfahrung des Heiligen, die religiöse, die spirituelle Erfahrung. Gott nimmt die Konfrontation an und fordert Ijob zum Gespräch mit ihm heraus:

Wo warst du, als ich die Fundamente der Erde gelegt habe? … Hast du jemals in deinem Leben dem Morgen geboten, der Morgenröte ihren Platz angewiesen? … Gabst du dem Pferd seine Stärke? … Fliegt vielleicht der Adler auf deinen Befehl hin so hoch und baut sich sein Nest in den Höhen?

Ijob wird immer kleinlauter und bekennt schließlich:

Ich fühle mich klein vor dir, was könnte ich dir antworten? Ich werde mir den Mund mit der Hand verschließen. Ich sehe ein, dass du alles vermagst und dass für dich kein Vorhaben unerfüllbar ist.

Schließlich gibt Ijob auf. Er hält sich nicht länger an die Reden der Religion, die ihm Zweifel und nicht endende Streitigkeiten eingebracht haben. Nun macht er eine spirituelle Erfahrung, die alles versöhnt. Bewundernd sagt er:

Vom Hörensagen kannte ich dich, Gott. Doch nun haben meine Augen dich geschaut; deshalb widerrufe ich und atme auf, in Staub und Asche tue ich Buße.

Wir alle - Sie und ich - sind Ijob. Wir finden uns nicht länger mit Leuten ab, die - so wie ich selbst hier - *über* Gott sprechen. Wir haben die Theologien, die Bücher, die päpstlichen Rundschreiben und Predigten satt. Wir wollen Menschen treffen, die *von Gott her* sprechen, die zu Gott sprechen. Erst dann werden wir angesichts unserer vielen nicht enden wollenden Fragen zur Ruhe kommen und uns in Gott selbst geborgen wissen.

Erlauben Sie mir einen kleinen Exkurs: Ich habe einmal für eine Gruppe von Bischöfen Exerzitien gehalten und darum gebeten, dass ein jeder von ihnen erzählen möge, wie er betet. Einer nach dem anderen hielt eine Vorlesung über das Gebet. Als Pedro Casaldáliga, dieser großartige Hirt, Prophet und Mystiker, an der Reihe war, sprach er ein wunderschönes Gebet. Anstatt über das Gebet zu sprechen, sprach er selbst ein Gebet:

Gott, Vater und Mutter der Güte, aller Dinge des Universums: Schau auf unsere Welt, auf die offenen Wunden, auf das Blut, das aus unserer Pachamama, der Mutter Erde, und aus den Leibern unserer Brüder und Schwestern strömt, die vom Großgrundbesitz und von wirtschaftlicher Ausbeutung niedergedrückt werden. Hilf uns, die Erde wiederherzustellen und eine Gesellschaft aufzubauen, in der alle Platz haben - ausgehend von einem neuen Herzen, einem neuen Menschen, Mann und Frau gleichermaßen. Nur dann, Herr, können wir dich zusammen mit unserem ganzen Leben lobpreisen jetzt und immerdar.

Dieser spirituelle Hirte und Mystiker bietet keine Lehrsätze über das Gebet oder über Gott, er spricht zu Gott. Er gehört zu den Menschen, nach denen uns hungert und dürstet. Wenn solche Menschen auftauchen, dann ziehen sie eine Menge Leute an, die ihnen folgen, und werden so zu Personen, mit denen etwas beginnen kann. Sie sind dann wie die Samenkörner, die unseren Boden befruchten und in uns die Grundlage für die spirituelle Dimension schaffen, das heißt für jene Dimension, die über unsere unmittelbaren Interessen an Arbeit, Leben, Glück hinausgeht, eine Dimension, die weiterreicht als der Konkurrenzkampf, den uns unsere kapitalistische Gesellschaft aufzwingt, und mehr ist als der tägliche Kampf um Broterwerb und Schönheit.

Die Spiritualität lebt vom Geschenkcharakter, der bedingungslosen Gabe und von der Bereitschaft, lebt von der Fähigkeit, zärtlich zu sein und Mitleid zu empfinden, lebt von der Redlichkeit angesichts der Wirklichkeit und vom Hören auf die Botschaft, die ständig von dieser Wirklichkeit her kommt. Sie durchbricht ein Verhältnis zu den Dingen, das nur in deren Besitz besteht, und stellt ein Verhältnis der Gemeinschaft mit den Dingen her. Sie gebraucht sie weniger, als dass sie sie betrachtet.

Wenn wir in Rio de Janeiro an der Avenida Niemeyer vor dem Meer mit seinen beeindruckenden Wellen stehen, dann sehen wir nicht nur das Meer, sondern wir sehen majestätische Erhabenheit und Überwältigendes. Oder wenn wir oben auf dem Corcovado bei der Christusstatue sind, sehen wir eher die Schönheit als den Fels. Der Fels, das Meer, die Natur - sie alle haben eine Botschaft, sie sprechen zu uns und wir - sofern wir spirituelle Menschen sind - hören zu.

Wenn wir uns über ein Neugeborenes beugen, dann sind wir voller Gefühle der Zärtlichkeit und wir erahnen das Geheimnis des Lebens, den Glanz seines Anblicks. Und wenn wir einen Menschen treffen, der unabhängig von seiner Schulbildung weise ist und dessen Weisheit uns Verehrung und Achtung einflößt, dann wollen wir ihm aufmerksam zuhören. Die Spiritualität in uns gedeihen lassen heißt also, die Fähigkeit zur Kontemplation, zum Hören auf die Botschaft und auf die Werte zu entwickeln, die die Welt um uns prägen.

Für die spirituelle Erfahrung gibt es nicht nur Dinge und Fakten. Die Ausstrahlung der Dinge und der Sinn, den die Fakten enthalten, treten in Erscheinung. Selbst in den schwersten Krisen - wenn eine geliebte Person stirbt, wenn eine Ehe in die Brüche geht, wenn wir ein Kind verlieren, das drogenabhängig wird - können wir uns stets fragen:

„Was ist der Sinn des Ganzen für mich? Was, welchen Weg, welche Richtung will mir diese Wirklichkeit nun zeigen?"

Es genügt nicht, einen Therapeuten zu konsultieren, ein Antidepressivum zu nehmen und stundenlang zu schlafen. Es ist nötig, dass wir uns mutig der Realität stellen und fragen:

„Welchen tieferen Sinn hat diese Wirklichkeit für mich? Wovon reinigt sie mich? Worin lässt sie mich wachsen?"

Diese Fragen stellen sich besonders in Situationen, in denen man nichts mehr machen kann, in denen wir mit dem unaufhaltsamen Alterungsprozess oder mit der Unausweichlichkeit des Todes konfrontiert sind.

In diesen Momenten ist die Spiritualität entscheidend. Sie ist die Fähigkeit, die Vergänglichkeit der Dinge, das Dahinrasen der Zeit zu sehen und zu wissen, dass wir nicht nur leben, weil wir noch nicht gestorben sind, sondern dass das Leben die Chance ist, zu wachsen, unser Müdewerden und unsere Grenzen anzunehmen, unser Altern und unsere Sterblichkeit zu akzeptieren und so für eine andere Art von Leben reif zu werden: für ein inneres, spirituelles Leben, dem Verschleiß und Tod nichts anhaben können.

Durch die Spiritualität bereiten wir uns vor auf die große Begegnung von Angesicht zu Angesicht mit dem Vater und der Mutter unendlicher Güte und Barmherzigkeit, dem Schöpfer aller Dinge und der Quelle unseres Seins. Worauf es also ankommt, ist, sich bereit zu machen für das große Eintauchen in die höchste Wirklichkeit, in den lebendigen und uns in die Arme schließenden Gott.

Ich habe einen Freund, einen Kämpfer für die Sache der Armen und ihre Befreiung, wofür er auch ins Gefängnis gesteckt und gefoltert wurde, der mit einem so innigen Umgang mit Gott beschenkt ist, dass er sogar eifersüchtig wird. Im Zuge unserer Arbeit mit den Gemeinden schlafen wir oftmals zu viert und zu fünft in einem Raum. Eines Morgens sah ich ihn in Meditationshaltung. Es ging eine Atmosphäre des Wohlwollens von ihm aus, wie ein Abglanz des göttlichen Lichts. Er verbringt Stunden des intimen Beisammenseins mit Gott. Das ist eine göttliche Gabe, die wir bei vielen Menschen finden. Oftmals sind es unbekannte, einfache Leute wie Köchinnen, Dienstboten, Arbeiter, Taxifahrer, die erfüllt sind von Spiritualität. Es ist wichtig, solchen Menschen zu begegnen, durch die wir Gott hautnah und im Herzen erfahren.

X. Die Spiritualität lässt uns Gott sehen

Bei dieser Gelegenheit bitte ich um Verständnis, dass ich etwas erzählen will, was ich mit meiner Mutter erlebt habe. Meine Mutter war Analphabetin, sie wollte nie lesen lernen. Einmal gab ich ihr ein Schreibheft und einen Bleistift, den Papst Paul VI. gesegnet hatte, um zu sehen, ob sie sich dazu aufraffen könnte, zu lernen. Meine Mutter schob das hinaus und sagte:

„Warum soll ich lesen und schreiben lernen, wenn ich elf Kinder habe, die an der Universität waren und fast alle Doktoren sind? Wofür denn? Sie haben das Wissen für mich. Ich brauche nicht selbst zu lernen und etwas zu wissen."

Doch sie war eine Frau von großer Lebensweisheit und tiefer Frömmigkeit. Und ich hatte die Angewohnheit, Dinge, die ich geschrieben hatte, auf Tonband aufzunehmen, damit sie es anhören könne. Meine Mutter hörte zu und meinte:

„Wo hast du das alles gelernt? Ich habe dir niemals solche Dinge beigebracht!"

In einer dieser Bandaufnahmen sprach ich über die Erfahrung Gottes. Sie blickte mich intensiv an und fragte:

„Hast du Gott schon gesehen?"

Ich antwortete prompt:

„Aber Mutter, die Menschen sehen Gott nicht. Gott ist Geist und unsichtbar." Sie seufzte tief, schlug sich mit der Hand auf die Brust, schaute mich unendlich traurig an und sagte:

„Du bist schon so lange Priester und hast niemals Gott gesehen?"

Ich sagte noch einmal:

„Mutter, die Menschen sehen Gott nicht."

Sie erwiderte:

„Du siehst Gott nicht, aber ich sehe ihn jeden Tag. Wenn die Sonne am Horizont untergeht, dann geht Gott vorbei, mit einem wunderschönen Umhang. Er kommt immer sehr ernsthaft daher, und dein Vater, der schon gestorben ist, geht ihm hinterher, schaut mich an, lächelt mir zu und geht mit Gott weiter. Ich sehe ihn jeden Tag."

Ich war starr vor Staunen und fragte mich:

„Wer ist hier der Theologe, ich oder sie? Die Analphabetin oder der Doktor der Theologie?"

Wir müssen von den Menschen, die solche Erfahrungen haben, lernen. Denn der Glaube ist eine so umfassende Erfahrung, dass er unsere Augen, das Herz, die Fantasie und unsere Vorstellungen mit einschließt. Gott ist Substanz seiner eigenen Substanz. Diese Leute glauben nicht an Gott. Sie wissen um Gott, weil sie ihn gesehen und erfahren haben.

XI. Die Spiritualität innerhalb unserer leiblichen und sterblichen Daseinsweise

Es ist schließlich wichtig zu betonen, dass die Spiritualität kein Monopol der Religionen oder bestimmter spiritueller Richtungen ist. Die Spiritualität ist eine Dimension eines jeden Menschen. Diese spirituelle Dimension, die jedem von uns eigen ist, zeigt sich in der Fähigkeit zum Dialog mit sich selbst, mit seinem eigenen Herzen, sie macht sich in der Liebe bemerkbar, in der Sensibilität, im Mitleid, im Hören auf den anderen, in der Verantwortlichkeit und Achtsamkeit als Grundhaltungen. Spiritualität meint, einen tiefen Sinn für die Werte zu pflegen, für die es sich lohnt, Zeit, Energie und in gewissem Maß das eigene Leben einzusetzen.

Jeder Mensch vernimmt eine Stimme, eine Botschaft, die ihn vom Universum her, der ihn umgebenden Natur, dem Leben, das er mit anderen in der Familie oder bei der Arbeit führt, erreicht. Oftmals stellt er sich die Frage: „Was verbirgt sich hinter den Sternen? Was will diese Stimme in den Dingen mir sagen?"

An unseren Schreibtischen und in unseren Studierstuben können wir zynisch sein, können wir etwas glauben oder auch nicht. Doch wir können die aufsteigende Morgenröte nicht verachten, wir können den unschuldigen Blick eines Kindes nicht auslöschen, wir können gegenüber der Tiefe des Sternenhimmels nicht gleichgültig bleiben, ohne still zu werden und tiefe Ehrfurcht zu empfinden und uns zu fragen, was sich hinter den Sternen verbirgt, was es mit meinem Lebensweg auf sich hat und was ich danach hoffen darf.

Dies sind Fragen, die der Mensch sich immer stellt, und indem er sie stellt, zeigt er sich als ein spirituelles Wesen. C.G. Jung maß der Religion für den Prozess der Individuation eine hohe Bedeutung bei, denn er wusste, dass es die Religion mit großen Träumen zu tun hat, dass sie große

Hoffnungen weckt und deshalb an der Wurzel von Mystik und Spiritualität steht. Jung sagt:

Unter allen meinen Patienten jenseits der Lebensmitte, das heißt jenseits fünfunddreißig, ist kein Einziger, dessen endgültiges Problem nicht das der religiösen Einstellung wäre. Ja, jeder krankt in letzer Linie daran, dass er das verloren hat, was lebendige Religionen ihren Gläubigen zu allen Zeiten gegeben haben, und keiner ist wirklich geheilt, der seine religiöse Einstellung nicht wieder erreicht, was mit Konfession oder Zugehörigkeit zu einer Kirche natürlich nichts zu tun hat.[18]

Ich meine, dass diese Feststellung Jungs völlig richtig ist. Jeder von uns hat diese spirituelle Dimension. Wir sind es gewohnt, unsere Probleme von einem psychologischen, soziologischen, juridischen und sogar finanziellen Standpunkt aus zu analysieren. Viele unserer Ängste und Krankheiten sind die Folge einer unterentwickelten, blutleeren, entstellten oder völlig verdrängten spirituellen Dimension.

Es gibt in uns ein heiliges Feuer, das von der Asche des Konsumismus, des Strebens nach materiellen Gütern und eines von den wichtigen Dingen abgelenkten Lebens in Zerstreuung überdeckt ist. Es kommt darauf an, diese Asche zu entfernen und die heilige Flamme wieder zu entfachen. Und dann werden wir ausstrahlen und wie eine Sonne sein.

Ich habe über dieses Thema in der Vorweihnachtszeit gepredigt. Und vielleicht ist dies auch der umfassendere Sinn dieses Festes: die Spiritualität innerhalb unserer leiblichen und sterblichen Daseinsweise, wie sie vom göttlichen Wort selbst angenommen wurde. Der Geist von Weihnachten und die besondere Spiritualität dieses Festes bilden das genaue Gegenteil zum innerhalb unserer heutigen Kultur herrschenden Geist, der von Konsumismus, vom Markt, von der Konkurrenz, vom Kauf, Handel, Gewinnsucht und Zins gekennzeichnet ist. Es ist ein Geist, der alles in eine Ware verwandelt, angefangen von der Sexualität bis hin zu Gott selbst.

Weihnachten lebt vom Geschenkcharakter, von der Einfachheit, dem Zusammenleben, vom Geben, von der Fähigkeit, anderen ein Geschenk zu machen. Es lebt von der Freude, ein neu geborenes Leben zu sehen, denn es kann keine Traurigkeit geben, wenn das Leben geboren wird. Und es lebt von dem Wissen, dass dieses Kind da, dieses göttliche Kind, im Grunde wir selbst sind. Denn es gibt in uns eine herrliche kindliche Dimension, die niemals verloren geht und sich weit über das Erwachsenenalter hinaus erhält und ihr Recht einfordert, das Leben auch als etwas Spielerisches, Leichtes, etwas, das einen Wert in sich hat, zu begreifen. Die Interessen, für die wir unser Leben einsetzen, zählen da wenig. Das Leben zählt für sich selbst, denn es ist ein höchster Wert.

Zu Weihnachten will diese spirituelle Dimension im Menschen neu erstehen, sie will uns sagen, dass Gott innerhalb dieser Atmosphäre auch uns nahekommt. Er kam nicht wie ein mächtiger Caesar oder ein Hohepriester und noch viel weniger als Unternehmer oder Philosoph. Denken wir an den Satz des portugiesischen Dichters Fernando Pessoa: „Jesus hat nichts von Finanzen verstanden, und es ist nicht bekannt, dass er eine Bibliothek besessen hätte.“ Gott kam uns in Gestalt eines armen Kindes nahe, das in einer armseligen Umgebung mitten unter den Tieren zur Welt kam. Auf diese Weise muss sich niemand fern von ihm fühlen, alle können das Gefühl der Zärtlichkeit spüren, das ein Kind in uns weckt, das wir auf den Arm nehmen wollen und zu dem wir uns voller verwundertem Staunen herabbeugen.

Das ist der Weg, den Gott gewählt hat, um uns nahezukommen, um mit uns zusammen auf unseren schmalen Wegen gehen zu können. Vielleicht ist das ein Gott, der uns die Gründe für die Existenz des Bösen nicht erklären kann, der aber mit uns zusammen leidet. Vielleicht sagt er uns nicht, warum so viel Mühe für so wenig Glück notwendig ist, doch er teilt mit uns diese Last und wird Zimmermann. Er nimmt alles an, was im radikalen Sinne menschlich ist. Er weint und zeigt seine Trauer über den Tod seines Freundes Lazarus. Er ist mit zwei Frauen, Marta und Maria, und mit Maria von Magdala befreundet, die er seine Gefährtin nennt, so skandalös dies zur damaligen Zeit auch war. In ihm steigt heiliger Zorn hoch, und er schwingt die Peitsche, als er sieht, dass der heilige Ort in einen Marktplatz verwandelt wird. Doch er wird auch von unsäglicher Zärtlichkeit ergriffen, als er die Kinder umarmt und deutlich sagt, dass keiner sie fortbringen soll.

Das alles ist Jesus, das alles ist Gott in unserem lebendigen und sterblichen Fleisch. Es ist ein Gott, dem wir unter uns und in unserem Alltag begegnen, ohne dass wir ihn da und dort erst suchen müssten, aber wir können ihn in unserem Inneren suchen, in das er eines Tages einkehrte und niemals fortging, uns zu Söhnen und Töchtern machte, die seinem Sohn Jesus ähnlich sind. Und wenn die Stunde unseres Abschieds kommt, dann kommt er, nimmt das, was Teil seiner selbst ist, und nimmt es in sein Reich auf, das heißt, er führt jeden von uns in sein Haus, denn wir sind Vertraute, bilden seine Familie und gehören zu seinem Haus.

Das ist für mich der tiefere Sinn der Inkarnation, des Geheimnisses von Weihnachten, das wir feiern, einer der Höhepunkte der christlichen Spiritualität. In einer in höchstem Maß von Konflikten geprägten Welt, die von allen Seiten bedroht wird, können wir innehalten und sagen: „Jetzt nicht, denn jetzt wollen wir feiern, essen und alle Brüder und Schwestern sein. Wir wollen ein Licht anzünden in der Überzeugung, dass das Licht mehr Recht hat als alle Finsternis. Wir machen das alles wegen ihm, Jesus, dem geliebten Sohn, denn wir sind seine Brüder und Schwestern und genauso geliebte Söhne und Töchter wie er."

Wenn wir in unserem Leben dieser Spiritualität ein wenig Raum geben, dann wird er uns verwandeln, denn das ist die besondere Kraft der Spiritualität: eine innere Veränderung zu bewirken. Diese Veränderung wird unsere innere Flamme erneut entfachen, die Licht und Wärme spendet und uns tausend Gründe liefert, um als Menschen zu leben. So werden wir heiter unseren Weg in dieser Welt gehen, zusammen mit anderen und in dieselbe Richtung, die auf die unerschöpfliche Quelle des Lebens und der Ewigkeit verweist. Und wir werden in diese Quelle der Spiritualität eintauchen, die Quelle des Geistes, des Lebens, der Harmonie und der Verwirklichung des Friedens ist.

Dritter Teil:

Spiritualität – Erde, Leben und das Schicksal des Menschen

I. Gott im Trend: Er lebt

Heute ist das Thema Gott hoch im Kurs. Einige, wie etwa der Biologe Richard Dawkins mit seinen Buch *Der Gotteswahn*[19], erheben den Anspruch, ihn im Namen der Wissenschaft zu leugnen. Der Leiter des Genom-Projekts Francis Collins hingegen zeigt in seinem Buch mit dem ansprechenden Titel *Language of God* (Die Sprache Gottes)[20] gute Gründe für den Glauben an die Existenz Gottes auf. Und es gibt weitere Bücher auf dem Markt wie etwa die von C. Hitchens und S. Harris.

Aus meiner Sicht gehen alle diese Fragestellungen von einer falschen wissenschaftstheoretischen Grundlage aus, weil sie nämlich Gott und die Religion im Bereich der Vernunft ansiedeln.

Der natürliche Ort der Religion ist nicht die Vernunft, sondern das tiefe Empfinden, das ozeanische Gefühl, jene Sphäre, aus der die Werte und Utopien hervorgehen. Treffend hat dies Blaise Pascal im 17. Jahrhundert zum Ausdruck gebracht: „Das Herz ist es, das für Gott empfänglich ist, nicht die Vernunft."[21] An Gott glauben heißt nicht Gott denken, sondern Gott – ausgehend von der Totalität des Seins – spüren.

Rubem Alves, einer der Begründer der Befreiungstheologie von protestantischer Seite, sagt in seinem Buch *Enigma da Religião* („Rätsel Religion" 1975) mit Recht: „Die Absicht der Religion ist es nicht, die Welt zu erklären. Sie entsteht gerade aus dem Protest gegen diese Welt, wie sie von der Wissenschaft beschrieben und erklärt wird. Die Religion ist ganz im Gegenteil die Stimme eines Gewissens, das in der Welt, wie sie ist, keine Ruhe finden kann und deren Vorhaben es ist, sie zu transzendieren."

Was die Welt in Richtung auf ein Größeres und Besseres hin übersteigt, ist die Utopie, die Fantasie, die Sehnsucht. Diese Wirklichkeiten, die von den Wissenschaften unbeachtet blieben, erfuhren eine neue Wertschätzung und wurden von radikalsten, auch marxistischen Denkansätzen her, wie etwa von Ernst Bloch oder Lucien Goldmann, rehabilitiert.

Was diesem Prozess zugrunde liegt, ist das Bewusstsein, dass zur Wirklichkeit auch das Potenzielle, Mögliche, das, was noch nicht ist, aber sein kann, gehört. Es ist Ausdruck der Dimension ihrer latent vorhandenen Möglichkeiten. Die Religion und der Glaube an Gott leben vom Ideal dieser Utopie. Deshalb gibt es da, wo Religion ist, auch immer Hoffnung, einen Zukunftsentwurf, ein Heilsversprechen und die Verheißung ewigen Lebens. Für die bloß technisch-wissenschaftliche Vernunft sind sie unerreichbar, denn sie ist eine verkürzte Vernunft, da sie sich ausschließlich auf stets begrenzte Daten stützt. Indem sie sich nur auf diese Sichtweise reduziert, wird sie, wie man bei Dawkins sehen kann, eine kurzsichtige Vernunft.

Wenn die Wirklichkeit das Potenzielle mit umfasst, dann umso mehr den Menschen, der voller unbegrenzter Möglichkeiten ist. Er ist in der Tat ein utopisches Wesen. Er ist niemals fertig, sondern immer im Werden, stets entwirft er von seinen Ideen, Utopien und Träumen aus seine Existenz neu. In ihrem Namen brachte er das Beste seiner selbst an den Tag.

Von diesem Hintergrund her können wir das Gottesproblem in angemessener Weise thematisieren. Das Schlüsselwort lautet *Offenheit*. Der Mensch zeigt drei grundlegende Weisen des Offen-Seins. Er ist der Welt gegenüber offen, indem er sie verändert und für sie sorgt, dem Anderen gegenüber, mit dem er kommuniziert und dem er sich hingibt, und dem Ganzen gegenüber, dessen Unendlichkeit und Mysterium er erfasst.

Seine *condition humaine*, das heißt die konkrete Verfasstheit seiner Daseinsweise, ist es, sich selbst als Subjekt einer unendlichen Sehnsucht und von letzten Utopien zu erfahren. Sein Drama besteht darin, dass er in der wirklichen Welt kein Objekt finden kann, das dieser Sehnsucht entspricht. Er will das Unendliche und stößt nur ständig auf Endliches. So entsteht also eine Angst, die kein Therapeut heilen kann. Und in diesem Zusammenhang taucht das Thema Gott auf. Gott ist der Name unter vielen anderen, den wir dem dunklen Objekt unserer Sehnsucht geben, dieser stets Größere, der jenseits eines jeden denkbaren Horizontes liegt.

Dieser Weg kann uns - wer weiß? - zur Erfahrung dieses *cor inquietum*, dieses unruhigen Herzens, führen, von dem Augustinus spricht: „Unruhig ist unser Herz, bis es Ruhe findet in dir."

Die Vernunft, die für Gott empfänglich ist, wird zur Intelligenz, die jenseits der Fakten intuitiv erfasst und zur Weisheit wird, die dem Leben Sinn und Geschmack verleiht.

II. Wissenschaft und Spiritualität: wachsende Übereinstimmung

Von Einstein stammt der Satz: „Die Wissenschaft ist ohne Religion lahm, die Religion ist ohne die Wissenschaft blind.“ Damit wollte er sagen, dass die bis zu ihrer letzten Konsequenz vorangetriebene Wissenschaft beim Mysterium anlangt, das Erschrecken und Erstaunen hervorruft – eine Erfahrung, die typisch für die Religionen ist. Die Religion, die sich diesem – von den Wissenschaften erahnten – Mysterium nicht öffnet, lässt sich nicht mehr bereichern, tendiert dazu, sich im Gebäude ihrer Dogmen abzuriegeln, und läuft Gefahr, zum Obskurantismus oder sogar zum Fundamentalismus zu verkommen, und deshalb bleibt sie blind.

Die Wissenschaft macht es sich zur Aufgabe, zu erklären, *wie* die Dinge existieren. Die Religion lässt sich davon in ekstatisches Staunen versetzen, *dass* die Dinge existieren. Was die Mathematik für den Naturwissenschaftler ist, das ist das Gebet für den religiösen Menschen. Der Physiker erforscht die Materie bis hin zu den kleinsten Elementarteilchen, die noch nachgewiesen werden können, den Topquarks, und er gelangt schließlich zu den Energiefeldern und dem Quantenvakuum. Der religiöse Mensch wird einer unbenennbaren Energie gewahr, die sich in allen Dingen ausbreitet, in ihrer höchsten Reinheit sogar in Gott.

Wissenschaft und Religion fragen sich: Was passierte vor dem Urknall und vor der Zeit? Viele Wissenschaftler und religiöse Menschen kommen darin überein: Es gab das Mysterium, die zeitlose Wirklichkeit, in absolutem Gleichgewicht ihrer Bewegung, die Totalität vollkommener Symmetrie und die Energie ohne Entropie. In einem „Moment“ seiner Fülle beschließt Gott, einen Spiegel zu schaffen, in dem er sich selbst erblickt. Er schafft jenen unvorstellbar winzigen Punkt, milliardenfach kleiner als ein Atom. Ein unermesslicher Energiestrom wird in sein Inneres gelenkt. Hier sind alle Möglichkeiten bereits vorhanden. Potenziell waren wir alle zusammen bereits da. Plötzlich dehnte sich alles aus und explodierte dann. Es entstand das bis heute expandierende, das heißt sich ausdehnende Universum. Der Urknall ist nicht so sehr ein Ausgangspunkt, sondern vielmehr ein

Punkt der Instabilität, der sich in seinem Bestreben, Stabilität herzustellen, ausdehnt und Einheiten und Ordnungen schafft, die immer komplexer werden, wie schließlich das Leben und unser Bewusstsein. Es gibt keine Worte, mit denen man ihn beschreiben könnte. Deshalb ist es besser, zu schweigen als zu sprechen. Doch wenn alles Beziehung ist, dann ist es nicht widersprüchlich zu denken, dass auch Gott unendliche Beziehung und höchste Gemeinschaft ist.

Diese Vorstellung wird nun von den Religionen bezeugt. Die (jüdisch)-christliche Erfahrung erzählt ständig von den Beziehungen Gottes zur Menschheit, von einem persönlichen Gott, der sich in drei Lebenswirklichkeiten zeigt: dem Vater, dem Sohn und dem Heiligen Geist.

Der Mensch spürt diese Wirklichkeit in seinem Herzen in Gestalt des Enthusiasmus (vom Wortsinn her meint das: einen Gott in sich haben). In der christlichen Erfahrung sagt man, dass er uns nahegekommen ist, dass er sich zum Bettler gemacht hat, um einem jeden von uns nahe zu sein. Dies ist der spirituelle Sinn der Inkarnation (Fleischwerdung) Gottes inmitten unseres Elends.

Die Sehnsucht des Menschen ist es nicht, über Gott nur etwas vom Hörensagen zu wissen, sondern vielmehr, Gott zu erfahren. Zurzeit ist es die Tiefenökologie, die am besten den Raum für eine solche Gotteserfahrung bereitet. Man taucht in dieses Mysterium ein, das alles durchdringt und alles im Sein hält.

Doch es gibt nicht nur einen Weg und eine Tür, um zu Gott zu gelangen. Dies ist die illusorische Vorstellung des Westens, insbesondere der christlichen Kirchen mit ihrem Monopolanspruch auf die göttliche Offenbarung und die Heilsmittel. Für den, der einmal das Geheimnis, das wir Gott nennen, erfahren hat, ist alles Weg, und jede Daseinsform wird zum Sakrament und zur Tür für die Begegnung mit Gott. Das Leben kann sich so trotz seiner vielen Umwege und schwierigen Vermischungen der sym-bolischen und der dia-bolischen Dimension zu einem Fest und einer Feier verwandeln. Es wird leicht sein, weil es von höchstem Sinn erfüllt ist.

III. Eine heilige Allianz zur Rettung des Lebens: Wissenschaft und Religion

Wenn es irgendjemanden gibt, der uns ernsthaft über den Zustand des Lebens auf der Erde, besonders im Hinblick auf die globale Erwärmung, aufklären kann, dann ist es Edward O. Wilson (*1929), einer der bedeutendsten zeitgenössischen Biologen und der Schöpfer des Wortes „Artenvielfalt" (bzw. „Biodiversität"). Sein Buch „Die Schöpfung. Ein Aufruf, das Leben auf der Erde zu retten"[22] ist ein besorgter, ich möchte schon fast sagen: verzweifelter Appell, dass wir ungeheure gemeinsame Anstrengungen unternehmen sollen, um aus der Krise herauszukommen, die wir selbst geschaffen haben.

Im Lauf ihrer langen Geschichte hat die Erde fünf große Massenvernichtungen durchgemacht. Die letzte fand vor 65 Millionen Jahren gegen Ende des Mesozoikums (Zeitalter der Reptilien) statt, als alle Dinosaurier von der Erde verschwanden. Sie schuf Platz für das Zeitalter der Säugetiere, das Känozoikum (das bis heute andauert). Zwischen einer Massenauslöschung und der anderen brauchte die Erde zehn Millionen Jahre, um sich zu regenerieren.

Wilson zufolge haben die Menschen in den letzten Jahrhunderten in ihrem Bestreben, Wohlstand und Reichtum zu schaffen, den Planeten so beharrlich und systematisch geplündert, dass als Folge davon die sechste Massenvernichtung eingesetzt hat.

Wenn wir von den Meteoriteneinschlägen absehen, die den Planeten mehr oder weniger alle 100 Millionen Jahre verheerten, dann war die Erde niemals zuvor einem so heftigen Angriff ausgesetzt wie jetzt. Wilson sagt: Zurzeit übersteigt die Anzahl der vernichteten Arten weltweit die Rate der Entstehung neuer Arten in einem Verhältnis von mindestens Hundert zu Eins, und bald wird sie sich um das Zehnfache erhöhen.

Der Verursacher dieser Verheerung ist der Mensch, der sich in eine geradezu geophysische Zerstörungskraft verwandelt hat. Er hat die Atmosphäre und das Klima der Erde verändert, er hat Tausende giftiger Substanzen in der ganzen Welt ausgebracht, er hat fast alle Flüsse reguliert, fast das gesamte Land in Ackerland umgewandelt, das heute in weiten Teilen einem Desertifikationsprozess unterliegt, und wir sind nahe daran, die Trinkwasservorräte zu erschöpfen.

Wir wissen, dass es die Artenvielfalt ist, die für die Bedingungen dafür sorgt, dass unser menschliches Leben weitergehen kann: besonders die Mikroorganismen, Bakterien, Pilze, kleine Wirbellose und Insekten.

Wenn wir mit unserem für das Leben bedrohlichen Handeln fortfahren, dann wird Mitte dieses Jahrhunderts die Auslöschung unserer eigenen Spezies beginnen. Steht sie nicht auf der Liste der gefährdeten Arten? Dieses Mal können wir keine weiteren zehn Millionen Jahre warten, bis sich die Erde wieder erholt und ihr Gleichgewicht wiederfindet. Wir müssen ihr beistehen, sonst wird Gaia uns wie eine tödliche Krankheit entfernen.

In diesem Zusammenhang schlägt Wilson eine *Allianz für das Leben* vor. Er wendet sich an die beiden Kräfte, die für ihn die einflussreichsten der Welt sind: die Wissenschaft und die Religion. Sein Buch ist in der Tat ein offener Brief an einen evangelischen Pfarrer. Er lädt ihn ein, Kräfte zu sammeln, Vorurteile abzubauen und Werte zu schaffen, die das Leben retten können. Wilson bekennt selbst, dass er nicht gläubig ist, ein Atheist, der aber stets mit Respekt von Gott spricht. Er klopft an die Tür der Religionen und bittet um Hilfe.

Angesichts einer weltweiten Gefahr werden die Unterschiede gleichgültig. Diesmal teilen Gläubige und Nichtgläubige dasselbe Geschick. Doch beide können zusammenarbeiten, denn „diejenigen, die heute auf der Erde leben, müssen den Wettlauf gegen das Artensterben gewinnen, oder sie werden selbst vernichtet, und zwar für immer. Sie werden sich für immer Ehre oder tiefe Verachtung erwerben."

Wissenschaft und Religion müssen sich verändern. Die Wissenschaft hat bis jetzt die Lebensformen in ihrer eigenständigen Andersheit nicht respektiert. Sie hat sich über sie gestellt und sie beherrscht. Die Religion hat sich noch nicht von ihrer fundamentalistischen Art und Weise, die heiligen Schriften zu lesen, befreit. Sie kann die Evolution der Arten anerkennen und dabei an ihrem Glauben festhalten. Die Ehrfurcht vor der erhabenen Größe des Universums und die Achtung vor allen Lebensformen ist ihr Beitrag. Diese Haltung verwandelt Macht in Schutz und Fürsorge. Diese heilige Allianz kann das bedrohte Leben retten. Wir haben nicht viel Zeit und wir verfügen auch nicht über viel Weisheit. Wir müssen zusammenarbeiten, und zwar schnell.

IV. Der „Gottespunkt" im Gehirn

Um unsere Überlegungen zur spirituellen Dimension des Universums zu vervollständigen, sollten wir uns dem zuwenden, was Neurologen den „Gottespunkt im Gehirn" oder den „mystischen Geist" *(mystical mind)* nennen.

Die Erforschung des Gehirns und seiner zahlreichen Formen von Intelligenz stellt heute einen fortschrittlichen Teil der Naturwissenschaften dar. Dieser Forschungszweig hat zu Ergebnissen geführt, die für die Religion und Spiritualität bedeutsam sind. Man stellt drei Arten von Intelligenz heraus: Die erste ist die *intellektuelle, verstandesmäßige Intelligenz*, auf die im Lauf des 20. Jahrhunderts so viel Wert gelegt wurde. Es handelt sich dabei um die analytische Intelligenz, mittels derer wir Begriffe bilden und Wissenschaft betreiben, die Welt in eine Ordnung bringen und objektive Probleme lösen.

Die zweite Intelligenzform ist die *emotionale Intelligenz*, die besonders durch den in Havard lehrenden Psychologen und Neurowisenschaftler Daniel Goleman[23] bekannt wurde. In seinem berühmten Buch „Die emotionale Intelligenz“ wies er etwas empirisch nach, wovon eine breite Tradition von Denkern von Platon über Augustinus bis Freud bereits überzeugt war: Die grundlegende Struktur des Menschen bildet nicht die Ratio *(logos)*, sondern die Emotion *(pathos)*. Wir sind vor allem Wesen der Leidenschaft, der Empathie und des Mitgefühls, und erst in zweiter Linie Vernunftwesen. Wenn wir diese beiden Intelligenzformen miteinander vereinen, dann gelingt es uns, uns selbst und andere zu motivieren.

Die dritte Intelligenzform ist die *spirituelle Intelligenz*, deren Existenz erst in jüngster Zeit empirisch nachgewiesen wurde, und zwar durch Forschungsarbeiten von Neurologen, Neuropsychologen, Neurolinguisten und Spezialisten für die Magnetresonanztomografie (sie widmen sich dem Studium von magnetischen und elektrischen Feldern im Gehirn) seit den Neunzigerjahren des 20. Jahrhunderts.

Diesen Wissenschaftlern zufolge gibt es in uns diese weitere Intelligenzform, die wissenschaftlich nachgewiesen werden kann. Aufgrund dieser Intelligenzform sind wir nicht nur imstande, Fakten wahrzunehmen, Vorstellungen und Emotionen zu entwickeln, sondern wir haben auch ein Sensorium für die größeren Kontexte unseres Lebens, für signifikante Totalitäten, die uns spüren lassen, dass wir in das übergreifende Ganze eingebettet sind. Diese Art von Intelligenz macht uns empfänglich für die Werte, für die Fragen, die mit der Transzendenz und Gott zu tun haben. Sie wird „spirituelle Intelligenz“ genannt, denn es zeichnet die Spiritualität aus, dass sie umfassende Totalitäten wahrnehmen und sich an transzendentalen Perspektiven orientieren kann. Andere nennen sie auch „mystical mind“ (mystischer Geist).

Sie findet ihre empirische Grundlage in der Biologie der Neuronen (der Nervenzellen des Gehirns). Man hat empirisch nachgewiesen, dass die Erfahrung der Vereinigung ihre biologische Entsprechung in neuronalen Schwingungen von 40 Hertz hat, die vor allem in den Schläfenlappen des Gehirns zu lokalisieren sind. Durch sie wird eine Erfahrung der Ekstase, der intensiven Freude, ausgelöst, als ob wir uns vor einer lebendigen Gegenwart befänden.

Oder umgekehrt: Immer, wenn religiöse Themen angesprochen werden (Gott oder Werte, die die tiefe Bedeutung der Dinge betreffen), und zwar nicht auf oberflächliche Art, sondern in ernsthafter und tiefer Hingabe an sie, entsteht dieselbe Schwingung von 40 Hertz.

Deshalb haben Neurobiologen wie Persinger, Ramachandran und die Quantenphysikerin Danah Zohar diese Hirnregion im Schläfenlappen als „Gottespunkt“ bezeichnet.

Wenn es sich also tatsächlich so verhält, dann können wir aus der Perspektive des Evolutionsprozesses sagen, dass sich das Universum innerhalb von Milliarden Jahren so weit entwickelt hat, bis es schließlich im menschlichen Gehirn ein Sensorium geschaffen hat, das es dem mit Bewusstsein ausgestatteten Menschen ermöglicht, die Gegenwart Gottes wahrzunehmen, der natürlich stets da war, auch wenn er noch nicht bewusst wahrgenommen werden konnte. Die Existenz dieses „Gottespunktes“ bedeutet für die Gattung Mensch einen evolutiven Vorteil, denn er ist ein Anhaltspunkt für einen Sinn des Lebens. Die Spiritualität zeichnet den Menschen aus; sie ist keineswegs auf die Sphäre der Religionen beschränkt. Doch umgekehrt setzen die Religionen die Spiritualität voraus und gehören zu den unterschiedlichen Ausdrucksformen dieses „Gottespunktes“.[24]

Unsere konsumistische Kultur ist an materiellen Gütern orientiert und nur wenig empfänglich für die unendlichen

Güter (wie Liebe, Mitleid, Gerechtigkeit und Wahrheit). Deshalb ist es wichtig, geeignete Voraussetzungen dafür zu schaffen, um diesen „Gottespunkt" zu kultivieren, damit die echte Menschwerdung des persönlichen und gesellschaftlichen Lebens gefördert werde.

V. Die vergessene Dimension: das innere Leben

Das innere Leben stellt zurzeit eine der vergessenen Dimensionen des Menschseins dar. Bereits vor vielen Jahren hat dies Paul Tillich in einem Buch mit dem Titel *Die verlorene Dimension*[25] beklagt. Es ist dringend notwendig, diese Dimension wiederzuerlangen, denn sie umfasst Heiterkeit und den heiligen Sinn für die Würde.

Zuerst müssen wir das Wort „innen" klären. Es ist das Gegenteil von außen. Das Leben hat eine äußerliche Dimension. Das ist unsere Leiblichkeit. Die moderne Kultur hat diese Äußerlichkeit mit Hilfe aller Massenmedien maßlos ausgewälzt. Die Welt der Menschen wurde völlig bloßgelegt.

Doch es gibt auch das Innere. Allgemein gesprochen ist das Innere das, was man nicht direkt sieht. Wir können das Äußere einer Person kennen und sogar von ihrer Schönheit und Intelligenz fasziniert sein. Aber um sie wirklich zu kennen, müssen wir ihr Inneres betrachten: ihr Herz, ihre Art zu leben und ihre Weise, die Welt zu sehen.

Inneres hat auch noch die Bedeutung von Lebensqualität. So sagen wir etwa, dass das Leben in seiner Innerlichkeit ruhiger und stärker in die Gemeinschaft und Natur eingebunden und so im Grunde eher imstande ist, uns glücklich zu machen. Das Leben in seiner inneren Dimension ist nicht der Logik des Stadtlebens unterworfen, wo die Menschen kommen und gehen, wo Technik, Bürokratie und Bedrohung durch Gewalt herrschen.

Schließlich bedeutet Innerlichkeit die Tiefe des menschlichen Seins. Dieses Innere, Tiefe, macht sich bemerkbar, wenn der Mensch innehält, still wird, beginnt, seinen Blick nach innen zu richten und ernsthaft nachzudenken. Wenn er entscheidende Fragen stellt wie: Welchen Sinn hat mein Leben, welchen Sinn hat dieses gesamte Universum von Dingen, Apparaten, Mühen, Leiden, Kämpfen und Freuden? Gibt es ein Leben nach diesem Leben, da schon so viele Freunde, manchmal auf sinnlose Weise, wie etwa bei einem Autounfall oder durch eine verirrte Kugel, umgekommen sind? Warum bin ich auf diesem kleinen Planeten, der so schön ist, aber gleichzeitig so sehr misshandelt wird?

Wer bietet uns darauf Antworten an? In der Regel sind das die Religionen und die Philosophien, denn sie befassen sich ständig mit Fragen dieser Art. Doch es wäre eine Illusion zu glauben, der häufige Gottesdienstbesuch oder eine bestimmte Weltanschauung würden ein inneres Leben garantieren. All das ist von Bedeutung, aber nur in dem Maß, als es dazu beiträgt, eine Sinnerfahrung, einen neuen emotionalen Aufbruch und eine lebendige Veränderung zu vermitteln und zu bewirken.

Das innere Leben ist kein Monopol der Religionen. Diese kommen erst danach. Das innere Leben ist eine Dimension des Menschen. Deshalb ist es universal. Es ist zu allen Zeiten und in allen Kulturen da.

Die Religionen erfüllen ihre Aufgabe dann, wenn sie das innere Leben ihrer Gläubigen wecken und am Leben erhalten, wenn sie die Voraussetzungen dafür schaffen, dass die Menschen ihren Weg nach innen, zu ihrem Herzen, in dem das Geheimnis wohnt, finden können. Inneres Leben setzt voraus, dass man die Stimmen und Bewegungen, die von innen kommen, wahrnimmt. Es gibt ein tiefes Ich voller Sehnsüchte, auf der Suche und mit Utopien. Es gibt eine ethische Herausforderung, die uns zum Guten einlädt, zum Guten nicht nur für uns persönlich, sondern auch für die anderen.

Es gibt eine unabweisbare Gegenwart, die größer ist als unser Bewusstsein. Eine Gegenwart, die von dem spricht, was in unserem Leben wirklich zählt, von dem, was entscheidend ist und an niemand anderen verwiesen werden kann. Gott ist ein anderer Name für diese Erfahrung, in der unsere unersättliche Suche Erfüllung findet.

Diesen Raum zu pflegen und zu kultivieren heißt, ein inneres Leben haben. Die unmittelbarste Wirkung dieses inneren Lebens ist eine Energie, mit deren Hilfe wir die Alltagsprobleme ohne übertriebenen Stress bewältigen können. Wer über ein inneres Leben verfügt, der strahlt eine Atmosphäre des Wohlwollens aus und lässt die Menschen in seiner Umgebung zur Ruhe kommen.

Das innere Leben stärken heißt, nicht mehr einsam zu sein. Die Einsamkeit ist eine der größten Feinde des Menschen, weil sie ihn aus der universalen Verbundenheit entwurzelt. Das innere Leben verbindet ihn mit dem Ganzen, dem er als ein Teil angehört.

VI. Die heilende Kraft der inneren Ökologie

In Krisenzeiten wie der unseren suchen wir nach Quellen der Inspiration da, wo sie auch gefunden werden können. Eine von ihnen ist die innere Ökologie. Um ihre Bedeutung zu ermessen, müssen wir uns die Tatsache bewusst machen, dass unser Verhältnis zur Erde, wenigstens in den letzten dreihundert Jahren, auf falschen ethischen und spirituellen Voraussetzungen beruht: dem Anthropozentrismus, der Leugnung der relativen Eigenständigkeit der Daseinsformen, der Herrschaft über die Erde, der Ausplünderung ihrer Ressourcen. Diese Voraussetzungen haben zum aktuellen Zustand der Erde geführt, zu ihrer Erkrankung, die auch einen Widerhall in der menschlichen Psyche findet.

So wie es eine äußere Ökologie gibt, so gibt es auch eine innere. Sie besteht aus Solidarität, dem Gefühl der Verbundenheit mit dem Ganzen, aus Fürsorge und liebevoller Zuwendung. Beide Formen von Ökologie sind von vornherein miteinander verknüpft. Es ist das, was Umweltpsychologie oder in der Ausdrucksweise von E.O. Wilson *Biophilie* (wörtlich: Lebensliebe) genannt wird. Arne Naes, ein norwegischer Philosoph, hat bereits Mitte der Siebzigerjahre des letzten Jahrhunderts einen Ausdruck geprägt, der dann innerhalb der Umweltbewegung weite Verbreitung fand. Er setzte der Ökologie im herkömmlichen Sinn, der äußeren Ökologie also, die „Tiefenökologie" entgegen, also die innere Ökologie.

Deren Grundlage ist nicht nur anthropologisch, sondern auch kosmologisch. Denn das Universum selbst hat in der Auffassung von Astrophysikern wie Brian Swimme oder Physikern wie Amit Goswani und anderen eine spirituelle Tiefendimension. Es setzt sich nicht aus der Gesamtheit der in ihm enthaltenen Dinge zusammen, sondern aus einem Netz von Beziehungen zwischen ihnen, das sie zu Subjekten macht, die untereinander Informationen austauschen und sich gegenseitig bereichern.

Wenn man von der Tiefenökologie ausgeht, dann sind die Erde, die Sonne, der Mond, die Bäume, die Berge und die Tiere nicht einfach nur da draußen, sie leben vielmehr in uns als Gestalten und Symbole mit emotionaler Bedeutung. Die guten und traumatischen Erfahrungen, die wir mit diesen Realitäten möglicherweise gemacht haben, hinterließen in der Psyche tiefe Spuren. Das erklärt die spontane Abwehrreaktion gegen etwas oder auch umgekehrt die spontane Zugewandtheit zu etwas.

Solche Symbole begründen eine regelrechte innere Archäologie, deren Entschlüsselung eine der großen intellektuellen Errungenschaften des 20. Jahrhunderts darstellt. Dafür stehen Namen wie Sigmund Freud, Adler, C. G. Jung, Lacan, Hillmann und andere. C. G. Jung zufolge erfüllt der Archetyp der *Imago Dei*, des Absoluten, das tiefste Innere mit Glanz. Niemand hat diese Dimension besser herausgearbeitet als Viktor Frankl, der vom spirituellen Unbewussten oder vom unbewussten Gott sprach. Die zeitgenössischen Wissenschaftler gebrauchen den Ausdruck „Gottespunkt" im Gehirn oder „mystical mind" („mystischer Geist"). Dieses spirituelle Unbewusste ist letztlich die Ausdrucksgestalt der spirituellen Dimension der Erde und des Universums selbst, die sich über uns Durchbruch verschafft, denn wir sind der bewusste Teil des Universums und der Erde.

Diese spirituelle Tiefe ist es, die uns etwa diese beispielhafte ökologische Haltung der Sioux-Indianer Nordamerikas verstehen lässt. Zu bestimmten rituellen Festen genießen sie eine bestimmte Bohnensorte. Sie wächst im Boden und ist schwer zu ernten. Was machen die Sioux? Sie profitieren von den Vorräten, die eine bestimmte Art von Präriemäusen dieser Gegend für den Winter anlegen. Ohne diese Vorräte laufen sie ernsthaft Gefahr, vor Hunger zu sterben. Wenn sich die Sioux dieser Vorräte bedienen, dann ist ihnen sehr wohl bewusst, dass sie damit die Solidarität mit Bruder Maus aufkündigen, den sie ja berauben. Deshalb sprechen sie ein bewegendes Gebet:

Du, kleine Maus, die du heilig bist, hab Erbarmen mit mir. Du bist wohl schwach, aber stark genug, um deine Arbeit zu verrichten, denn dir teilen sich heilige Kräfte mit. Du bist auch weise, denn die Weisheit der heiligen Kräfte begleitet dich stets. Wenn ich selbst nur auch weise sein könnte in meinem Herzen, damit dieses düstere und verwirrende Leben in ständiges Licht verwandelt würde.

Und als Zeichen der Solidarität hinterlassen sie anstelle der Bohnen kleine Portionen Speck und Mais. Die Sioux fühlen sich mit den Mäusen und der gesamten Natur spirituell verbunden.

Es ist dringend an der Zeit, dass dieser Geist der gegenseitigen Zugehörigkeit wiedererweckt wird, denn wir sind dabei, ihn aufgrund des übertriebenen Individualismus und des Konkurrenzdenkens, die der aktuellen Krise zugrunde liegen und zum weltweiten wirtschaftlichen Chaos geführt haben, zu verlieren.

Das herrschende System verstärkt den Wunsch, zu haben, auf Kosten des viel grundlegenderen Wunsches, zu sein, und unsere jeweilige Besonderheit zu entwickeln. Diese erfordert die Fähigkeit, sich den herrschenden Werten zu widersetzen, wie sie etwa im Schlagwort „Geiz ist geil" zum Ausdruck kommen. Genau diese Gewinnsucht, besonders von Börsianern an der Wallstreet, die betrogen und raubten, war es, die die ökonomisch-finanzielle Krise seit September 2008 beschleunigt hat. Die innere Ökologie spornt dazu an, Ideen zu verwirklichen, die mit dem Leben, der Achtung für das Leben, der Freundschaft und der Liebe zu tun haben.

Die innere Ökologie will den Schamanen wecken, der in uns allen schlummert. Wie jeder Schamane können wir mit den Energien in Dialog treten, die seit 13,7 Milliarden Jahren im Universum am Werk sind. Diese Energien erhalten uns am Leben und treiben jeden Evolutionsprozess an. Wir müssen den harmonischen Einklang mit ihnen finden, sie anrufen, damit sie uns neue Kraft verleihen und damit wir so eine Welt schaffen, in der Leben nachhaltig möglich ist. Diese Energien sind rückbezogen auf die universale und unendliche Energie, den „Spiritus Creator", den Schöpfergeist, der das Universum schuf und ihm ständig seinen Lebensatem eingibt.

Ohne eine spirituelle Revolution, die aus der inneren Ökologie hervorgeht, wird es schwer sein, aus der aktuellen Krise herauszukommen. Diese erfordert einen neuen Pakt mit dem Leben und mit der Erde. Andernfalls werden wir unseren Weg weiter umherirrend und einsam, aggressiv und im Kriesgszustand mit Gaia gehen.

VII. Ein Ideal, das dringend an der Zeit ist: einfach leben

Wir leben in einer Kultur der Exzesse und vieler Komplikationen. Das macht unser Leben schwer und nicht selten verworren. Was sich dieser Situation widersetzt, ist gelebte Einfachheit, die menschlichste aller Tugenden, denn sie ist in allen anderen enthalten.

Die Einfachheit setzt eine alternative, der herrschenden Kultur und dem herrschenden System entgegengesetzte Grundhaltung voraus, denn unser Leben ist umgeben von einer verschwenderischen Vielfalt von Produkten, von Anforderungen und Bürokratien. Die Einfachheit bringt uns dazu, in Einklang mit unseren grundlegenden Bedürfnissen zu leben. Wenn alle nach diesem Konzept leben würden, dann würde die Erde genug für die Gemeinschaft des Lebens bereitstellen, es gäbe sogar noch einen bescheidenen Überfluss.

Die Einfachheit war immer die Quelle von Spiritualität und innerer Freiheit in hohem Maß. Henry David Thoreau machte die Erfahrung, zwei Jahre lang in seiner Waldhütte in der Nähe von Walden Pond zu leben. Er orientierte sich strikt am Lebensnotwendigen, und in seinem berühmten Buch *Walden oder Leben in den Wäldern*[26] empfiehlt er mit Nachdruck: „Einfachheit, Einfachheit, Einfachheit." Er bestätigt, dass die Einfachheit das Merkmal aller Weisen und Heiligen in allen Kulturen war. Tatsächlich lebten Jesus, Buddha, Franz von Assisi, Gandhi, Einstein, Dom Hélder Câmara, Chico Mendes und viele andere äußerst einfach.

Heute, da wir bereits die Grenzen der Erde erfahren, müssen wir, wenn wir weiterhin auf ihr leben wollen, dem Evangelium der Einfachheit folgen, wie es in den drei „W" der Erdcharta prägnant zusammengefasst ist: Weniger, Wiederverwenden, Wiederverwerten. So macht es auch die Natur, die alles nutzt und nichts wegwirft; Abfall verwandelt sie in neue Nahrung.

Es geht darum, eine Entscheidung für ein freiwilliges einfaches Leben zu treffen. Das ist ein wahrhaft spiritueller Weg. Diese Öko-Einfachheit lebt vom Glauben, von der Hoffnung und von der Liebe.

Der Glaube lässt uns begreifen, dass unsere Arbeit, so unscheinbar sie auch scheinen mag, Anteil an der schöpferischen Arbeit des Geistes hat, der die Welt in jedem Augenblick im Dasein hält und mit seinen Energien einen ständigen Evolutionsprozess bewirkt.

Die Hoffnung weckt in uns die Überzeugung, dass alle Dinge weiterhin eine Zukunft haben, so wie sie in der Vergangenheit eine Zukunft hatten, und dass das letzte Wort nicht das Chaos, sondern der Kosmos, nicht die Gewalt, sondern die Gerechtigkeit haben wird.

Die ökologisch motivierte Einfachheit lässt uns die Liebe als große einigende Kraft des Universums und Gaias entdecken. Sie schließt in sich jede Daseinsform und alle Ökosysteme ein, die stets in gegenseitiger Abhängigkeit und Ergänzung existieren.

Im Zeitalter der Moderne haben wir uns selbst als das Subjekt des Denkens gesehen, und die Erde war dessen Objekt und Inhalt. Die neue Kosmologie hat uns davon überzeugt, dass die Erde das große lebendige Subjekt ist, das durch uns bewusst empfindet, liebt, denkt, Fürsorge lebt und Ehrfurcht hat. Folglich ist es wichtig, dass wir uns selbst als Erde denken, empfinden und lieben, denn wir sind tatsächlich die Erde. Das lateinische Wort für Mensch, *homo*, kommt von *humus* (fruchtbare Erde), und *Adam* leitet sich von *adamah* her, das im Hebräischen fruchtbare Erde bedeutet.

Wenn wir uns so mit der Erde identifizieren, dann leben wir eine Erfahrung der radikalen Einfachheit und Nicht-Dualität. Etwas vom Berg, vom Meer, von der Luft, vom Baum, vom Tier, vom anderen Menschen und von Gott ist in uns. Wir bilden das große Ganze. Eine moderne spirituelle Legende gibt diesen Überlegungen einen lebendigen Ausdruck:

Eines Tages wurde ein junger Mann, der gerade begann, die ökologisch motivierte Einfachheit zu leben, im Traum vom auferstandenen und kosmischen Christus besucht. Er lud ihn zu einem gemeinsamen Spaziergang im Garten ein. Nachdem sie schon eine Weile miteinander unterwegs gewesen waren und mit freudigem Staunen das Licht beobachtet hatten, das zwischen den Blättern sichtbar wurde, stellte der junge Mann die Frage: „Herr, als du durch Palästina gezogen bist, hast du einmal gesagt, dass du eines Tages in deinem ganzen Glanz und deiner Herrlichkeit wiederkommen würdest. Doch deine Wiederkunft lässt schon so lange auf sich warten. Wann wirst du endlich wirklich wiederkommen, Herr?" Nach einigen Augenblicken der Stille, die wie eine Ewigkeit anmuteten, antwortete der Herr: „Mein Bruder, wenn für dich meine Gegenwart im Universum und in der Natur so klar vor Augen liegt wie das Licht, das diesen Garten erhellt; wenn meine Gegenwart bei dir und in deinem Herzen so real ist wie meine Anwesenheit hier und jetzt, so real, dass du nicht einmal an sie denken musst oder Fragen stellen musst, wie du es eben getan hast, dann, mein geliebter kleiner Bruder, werde ich in all meiner Pracht und meiner Herrlichkeit wiedergekommen sein."

VIII. Auf der Suche nach ökologischer Weisheit

Das weltweit herrschende zivilisatorische Paradigma, das den Krieg gegen Gaia und gegen die Natur zur Grundlage hat, führt das gesamte System des Lebens in eine große Sackgasse. Es gibt untrügliche Anzeichen dafür, dass die Erde diese systematische Ausplünderung ihrer Ressourcen und die ständige Verletzung der Würde ihrer Söhne und Töchter, der Menschen, die ausgegrenzt und millionenfach zum Hungertod verurteilt sind, nicht länger erträgt.

Wir müssen uns dessen bewusst sein, dass dieser Krieg nicht von uns, sondern nur von Gaia gewonnen werden kann. Eric Hobsbawm hat bereits auf der letzten Seite seines bekannten Buches *Das Zeitalter der Extreme* gesagt:

Wir wissen nicht, wohin wir gehen ... Doch Eines steht völlig außer Frage: Wenn die Menschheit eine erkennbare Zukunft haben soll, dann kann sie nicht darin bestehen, dass wir die Vergangenheit oder Gegenwart lediglich fortschreiben. Wenn wir versuchen, das dritte Jahrtausend auf dieser Grundlage zu bauen, werden wir scheitern. Und der Preis für dieses Scheitern, die Alternative zu einer umgewandelten Gesellschaft, ist Finsternis.[27]

Wie können wir diese Finsternis vermeiden, welche die Zerstörung unserer Form von Zivilisation und vielleicht sogar das Armageddon, die totale Vernichtung der Spezies Mensch, bedeuten kann? Es drängt sich an dieser Stelle auf, uns andere Zivilisationen näher anzusehen, die uns zu ökologischer Weisheit inspirieren können.

Davon gibt es viele. Ich greife die Zivilisation der Maya heraus, und zwar einfach deshalb, weil ich im Jahr 2008 die Gelegenheit hatte, die Überlebenden dieser außergewöhnlichen Zivilisation zwanzig Tage lang zu besuchen und mit ihren Weisen, Priestern und Schamanen lange Gespräche zu führen. Aus dem immensen Reichtum ihrer Weisheit möchte ich nur zwei zentrale Punkte herausgreifen, die in unserer Weise, in der Welt zu leben, große Leerstellen kennzeichnen: die Weltsicht der Harmonie mit allen Seinsformen und ihre faszinierende Anthropologie, deren zentraler Begriff das Herz ist.

Die Weisheit der Maya stammt aus urdenklichen Zeiten her und wird von den Großvätern und Vätern bewahrt und weitertradiert. Da sie nicht der Verstümmelung durch die moderne Zivilisation ausgesetzt sind, bewahren sie die alten Traditionen und Lehren in gewissenhafter Treue. Sie sind auch in Schriften wie dem Popol-Vuh und in den Büchern des Chilam Balam festgehalten. Die grundlegende Idee ihrer

Weltanschauung kommt der Weltsicht der modernen Kosmologie und Quantenphysik sehr nahe.

Das Universum wird vom Schöpfer und Gestalter aller Dinge durch kosmische Energien erbaut und erhalten. Was innerhalb der Natur existiert, entstand aus der liebenden Vereinigung des Herzens des Himmels mit dem Herzen der Erde. Die Mutter Erde ist ein lebendiges Wesen, das bebt, spürt, intuitiv empfindet, arbeitet und all ihre Söhne und Töchter ins Dasein bringt und ernährt. Die grundlegende Zweiheit von Formgebung und Zerfall (wir würden sagen zwischen Kosmos und Chaos) verleiht dem gesamten universalen Prozess Dynamik.

Das Wohlbefinden des Menschen besteht darin, in stetem Einklang mit diesem Prozess zu sein und einen tiefen Respekt jedem Sein gegenüber zu pflegen. Er empfindet sich also als ein wesenhafter Teil der Mutter Erde und genießt all ihre Schönheit und ihren Schutz. Selbst der Tod begegnet nicht als Feind: Er bedeutet lediglich ein tieferes Eintauchen ins Innerste (Herz) des Universums.

Die Menschen werden als „erleuchtete Söhne und Töchter, als Prüfende und Suchende des Lebens" verstanden. Um zu seiner Erfüllung zu gelangen, durchläuft der Mensch in drei Phasen einen wahren Prozess der Individuation.

Er kann ein „Mensch der Töpfererde" sein: Er kann sprechen, aber er ist angesichts des Wassers nicht beständig, denn er löst sich darin auf.

Er entwickelt sich weiter und kann zum „Mensch des Holzes" werden. Er hat einen Verstand, doch er ist nicht mit einer Seele ausgestattet, die empfindet, denn er ist starr und unbiegsam wie das Holz.

Schließlich erreicht er die Phase des „Menschen des Maiskorns". Dieser „kennt das, was nahe ist, und das, was fern ist". Doch was ihn auszeichnet, ist, dass er ein Herz hat. Deshalb „empfindet er vollkommen, ist sich des Universums und der Quelle des Lebens bewusst", und sein Pulsschlag folgt dem Rhythmus des Herzens des Himmels und des Herzens der Erde.

Das Wesen des Menschen wird im Herzen angesiedelt. Das bestätigen so viele zeitgenössische Denker mit Nachdruck, wie etwa Meffesoli, Goleman, Cortina, Winnicott und andere: in der vom Herzen erleuchteten Vernunft und in der empfindenden Intelligenz.

In diesem Typ von Vernunft ist die Welt der Werte angesiedelt, die Religionen, die ethische Tiefendimension, die Träume, die uns inspirieren und die Hoffnung auf eine bessere Welt am Leben halten. Es ist diese vom Herzen erleuchtete und empfindende Vernunft, die uns den Schrei der Erde und den Schrei der Armen vernehmen lässt und uns dazu motiviert, sie vom Kreuz zu holen und es möglich zu machen, dass sie weiterhin leben können.

IX. Die Weisheit der alten Völker

Heute stehen sich in Bezug auf die Erde zwei gegensätzliche Sichtweisen gegenüber. Die eine betrachtet die Erde als großes, geistloses Objekt, das dem Menschen zur Verfügung steht; dieser kann sich nach Gutdünken ihrer Ressourcen bedienen. Diese Sichtweise ermöglichte das technisch-wissenschaftliche Projekt der Eroberung und Beherrschung der Erde, was schließlich zur aktuellen Erderwärmung führte.

Die andere Sichtweise betrachtet sie als einen lebendigen Großorganismus, als Gaia, wie er heute genannt wird, oder Pacha Mama, wie die alten Andenvölker sagten. Sie reguliert sich selbst und verbindet ihre physischen, chemischen und biologischen Bestandteile so miteinander, dass dadurch beständige Bedingungen für jegliche Form des Lebens geschaffen werden, sich zu entwickeln und zu vermehren.

Diese zweite Sichtweise ist im Lauf der Menschheitsgeschichte die vorherrschende gewesen. Sie lag dem Gleichgewicht zugrunde, das sich zwischen der Befriedigung der Bedürfnisse des Menschen und der Erhaltung des Kapitals der Natur in seiner Unversehrtheit und Lebenskraft einstellte.

Heute wächst das Bewusstsein dafür, dass die erste Sichtweise - die der Beherrschung und Verwüstung - in die Schranken gewiesen und überwunden werden muss, denn andernfalls kann sie eine unvorstellbare Katastrophe für das System Leben heraufbeschwören. Sicherlich wird die Erde weiterexistieren, doch möglicherweise ohne uns. Deshalb ist es dringend geboten, sich wieder mit den Subjekten der an zweiter Stelle genannten Sichtweise - Erde als Große Mutter und Gemeinsames Haus - zu befassen, denn sie sind die Träger einer Weisheit, die uns fehlt, und sie pflegen Formen der Beziehung zur Natur, die uns retten könnten.

Wir stoßen so auf die alten, indigenen Völker, von denen es laut UNO mehr als zehn Millionen Menschen auf der ganzen Welt über fast alle Länder verstreut gibt, wie zum Beispiel die Samen (Eskimos) im äußersten Norden oder die Mapuche-Indianer im äußersten Süden.

Im Jahr 2008 hatte ich die Gelegenheit, mich ausführlich mit den Mapuche zu unterhalten, die in Patagonien (Argentinien und Chile) leben. Es gibt noch viele von ihnen, allein im Süden Chiles leben mehr als 500.000. Sie besiedeln diese Andenregionen schon seit mehr als 15 Millionen Jahren. Sie leisteten gegenüber allen Eroberungsversuchen Widerstand. Fast wären sie auf der argentinischen Seite durch das Wüten des Generals Roca ausgelöscht worden, und auf chilenischem Gebiet werden sie stark diskriminiert. Gegen die Mapuche, die um das Land kämpfen, das ihnen gehörte, finden die Gesetze Anwendung, die Pinochet gegen die „Terroristen“ verabschiedet hat und die beschämenderweise bis heute noch nicht geändert wurden.

Wenn man mit ihren Anführern *(lonko)* und Weisen *(machis)* spricht, dann fällt einem sofort die von ihnen entwickelte außergewöhnliche Kosmologie auf. Alles wird mit Hilfe von vier Kategorien gedacht.

Nach C. G. Jung stellt die Zahl Vier eine der zentralen Archetypen der Ganzheit dar. Sie fühlen sich so sehr mit der Erde verbunden, dass sie sich selbst *mapu-che* nennen, also *che*, das heißt Lebewesen, die eins sind mit der Erde *(mapu)*. Deshalb fühlen sie sich selbst als Wasser, Stein, Blume, Berge, Insekten, Sonne und Mond, die alle miteinander verschwistert sind. Sie haben gelernt, die Sprache der Mutter Erde zu entschlüsseln und zu verstehen *(Neku Mapu)*: das Wehen des Windes, das Piepsen des Vogels, das Rauschen der Blätter, das Fließen des Wassers und vor allem die verschiedenen Mondphasen und Sonnenstände.

Aus allem verstehen sie es, Lehren für sich zu ziehen. Ihr größtes Ideal ist es, in tiefster Harmonie mit allen Elementen zu leben und diese zu pflegen: mit den positiven und negativen Energien, mit dem Himmel und mit der Erde. Sie betrachten sich als die Hüter der Natur.

Die Gemeinschaft besteigt den höchsten Hügel in der Umgebung. Alles Land, was sie von dort aus bis zur Berührung von Himmel und Erde (dem Horizont) sehen kann, ist ihr zur Pflege anvertraut. Sie sind beunruhigt, wenn andere, Nicht-Mapuche, in dieses Land eindringen, um Ackerbau zu betreiben, denn in ihrem Verständnis wird es dann schwieriger, ihrer Aufgabe gerecht zu werden, das Land zu behüten.

Sie haben ausgefeilte Heilmethoden entwickelt. Jede Krankheit stellt eine Störung des Gleichgewichtes mit den Energien der Erde und des Universums dar. Heilung bedeutet, diesem Verständnis zufolge, dieses Gleichgewicht so wiederherzustellen, dass sich der Kranke von Neuem in das Ganze integriert fühlt. Die Mapuche sind stolz auf ihr Wissen. Sie weisen es von sich, dass es als bloße Folklore oder als altertümlich angesehen wird. Sie bestehen darauf, dass es ein ebenso ernst zu nehmendes und bedeutendes Wissen ist wie unsere Wissenschaft, wenn es auch anders ist.

Heute müssen wir das leben, was der große Wissenschaftler und Nobelpreisträger (für Chemie, 1977) Ilya Prigogine eingeklagt hat: das Bündnis zwischen allen Wissensformen, den alten der Urvölker, den volkstümlichen, des gesunden Hausverstandes und der Wissenschaften. Jede Art von Wissen stellt ein Fenster auf die Wirklichkeit hin dar und macht Dimensionen sichtbar, die nur sie allein bezeugen kann. Deshalb müssen alle Wissensformen aufeinander hören, voneinander lernen und gemeinsam den Zugang des Menschen zur Wirklichkeit, die im Grunde immer ein Geheimnis bleiben wird, bereichern.

Heutzutage kann uns das traditionelle Wissen der indigenen Völker viel in Bezug auf unser Eingebundensein in die Natur und in Bezug auf den Respekt, den wir allen Daseinsformen schulden, lehren, denn jede einzelne hat einen Wert in sich und ist Trägerin einer Botschaft, die vom tiefsten Inneren des Universums und vom Herzen Gottes selbst kommt.

Schluss:

Kierkegaards Clown und die Zukunft der Erde

Von allen aktuellen Krisen - der Ernährungskrise, der Energiekrise, der ökonomischen und Finanzkrise, der ethischen und spirituellen Krise - ist die Klimakrise am dramatischsten. Von ihr hängt das Schicksal des Lebens und der Menschheit auf diesem kleinen Planeten ab.

Nach alarmierenden Berichten des IPCC (Intergovernmental Panel on Climate Change, das ist der wissenschaftliche Beirat der UNO zu Klimafragen) am 2. Februar 2007 ist das Schlimmste, was passieren kann, dass wir die Dinge so laufen lassen, wie sie zur Zeit laufen. In diesem Fall würden wir fröhlich unserem wahrscheinlichen eigenen Ende entgegengehen.

Eine solche Haltung erinnert uns an die Parabel, die der berühmte dänische Philosoph Søren Kierkegaard (1813–1855) erzählt: Es geht darin um einen Zirkusclown. Im hinteren Teil des Theaters sind die Vorhänge in Brand geraten. Der Zirkusdirektor überträgt nun dem Clown, der sich schon für die Vorstellung zurechtgemacht hat, die Aufgabe, die Zuschauer über das zu informieren, was passiert ist, und sie aufzufordern, allesamt herbeizueilen und die Flammen löschen zu helfen. Da er als Clown kam, dachten alle, es handle sich um eine Finte, um die Leute zum Lachen zu bringen, und sie hörten in der Tat nicht auf zu lachen. Je mehr der Clown flehte, umso mehr lachten die Leute. „Das Feuer verbrennt die Vorhänge, es wird das ganze Theater verbrennen, und ihr alle werdet mitverbrannt!“ Das kam ihnen allen sehr unterhaltsam vor, denn sie meinten, der Clown spiele seine Rolle perfekt. Schließlich vernichtete das Feuer tatsächlich das ganze Theater und alle Leute, die sich darin befanden. Und Kierkegaard schließt mit den Worten: „So, vermute ich, wird die Welt enden: Inmitten von allgemeinem Gelächter derer, die sich nur zu unterhalten und zu vergnügen wissen und letztlich denken, alles reduziere sich auf den Genuss.“[28]

Diese Worte Kierkegaards kann man exakt auf ganze Regierungen, auf viele Wissenschaftler, Unternehmer, Ordensleute und auch einfache Leute anwenden, die meinen, die Sache mit der Erderwärmung sei ein großer Betrug oder falscher Alarm. Sie sagen, das Phänomen sei zum Großteil ganz natürlich und die Erde sei von selbst in der Lage, das verlorene und für das Leben unverzichtbare Gleichgewicht wiederzuerlangen. Und sie leben wie die reichen Passagiere auf der Titanic, feiern Feste und amüsieren sich, während sie untergehen.

Andererseits gibt es viele, die die Warnungen ernst nehmen, zum Beispiel bestimmte Staaten, Regierungen, große Institutionen, Nichtregierungsorganisationen, soziale Bewegungen und Einzelne aus allen gesellschaftlichen Schichten. Sie wissen, dass mit nur 2% des weltweiten Bruttosozialproduktes, wenn man jetzt sofort beginnt, das globale Klima ins Gleichgewicht gebracht werden könnte, und dass damit das Abenteuer des Planeten mit einer hoffnungsvollen Perspektive weitergehen könnte.

Es ist eine unleugbare Tatsache, dass wir vor einem Problem globalen Ausmaßes stehen. Es betrifft nicht nur dieses oder jenes Ökosystem und eine einzelne Region, sondern das Ganze, die Biosphäre und den gesamten Planeten. Wir sind alle voneinander abhängig, und das Handeln aller betrifft alle, im Guten wie im Schlechten.

Spät erst, nämlich erst Anfang der Siebzigerjahre des vergangenen Jahrhunderts, wurde uns klar, dass die Erde ein lebendiger Großorganismus ist, Gaia, die die physikalischen, chemischen, geologischen und biologischen Gegebenheiten so reguliert, dass sie sich für alle Lebensformen als günstig erweisen, insbesondere auch für das Leben von uns Menschen. Doch nun, nach einem langen und anhaltenden weltweiten Produktionsprozess, der in ihr Gefüge eingreift, ist sie an einen Punkt angelangt, an dem sie sich nicht mehr allein regulieren kann. Sie bedarf unseres Eingreifens, das weit mehr ist, als sie zu erhalten und zu bewahren. Wir müssen sie regelrecht retten und befreien. Denn in kosmischen Dimensionen gedacht ist Gaia schon ein alter Planet mit begrenzten Ressourcen und mit zunehmenden Schwierigkeiten, sich von selbst wieder zu regenerieren.

Da wir die Hauptverantwortlichen für die Destabilisierung sind, kann es sein, dass sie uns nicht länger als nützlich betrachtet und ohne uns weitermachen will. Das würde unser Verschwinden als Art bedeuten.

Es ist dringend angebracht, die Warnung zu vernehmen, die die Erdcharta, jenes Dokument, das aus der Zivilgesellschaft hervorging und von der UNESCO offiziell approbiert wurde, um in Erziehungsprozesse Eingang zu finden, in ihrem ersten Satz ausspricht:

Wir stehen an einem kritischen Punkt der Erdgeschichte, an dem die Menschheit den Weg in ihre Zukunft wählen muss … Wir haben die Wahl: Entweder bilden wir eine globale Partnerschaft, um für die Erde und füreinander zu sorgen, oder wir riskieren, uns selbst und die Vielfalt des Lebens zugrunde zu richten.[29]

Die Dynamik des Produktionsprozesses und schrankenlosen Konsums kann das Gleichgewicht des Planeten nicht aufrechterhalten. Wir sind dazu verpflichtet, die Richtung in dem Sinne zu ändern, wie es die Erdcharta selbst vorschlägt: uns eine nachhaltige Lebensweise aneignen. Diese erfordert eine Spiritualität der Selbstbeherrschung, der Selbstbegrenzung und der freiwilligen Einfachheit in tiefer Solidarität und in Mitgefühl für alle Seinsformen, insbesondere für die, die am meisten leiden und von der Vernichtung bedroht sind.

Diese Spiritualität wird zum Ansporn für die weltweite Zusammenarbeit und für das Bewusstsein sein, dass der Planet die Heimat ist, die Verlängerung unserer eigenen irdischen Existenz, denn wir haben ein gemeinsames Schicksal. Mit Sicherheit ist es nicht die Absicht des Universums und des Schöpfers, dass wir unserer Gewinnsucht, unserer Verantwortungslosigkeit und unserem Mangel an Liebe zum Leben und zur Erde unterliegen. Wir sind aus dem Herzen der großen roten Sterne geboren, in deren Innerem sich alle Elemente gebildet haben, aus denen sich sowohl die Himmelskörper als auch unsere eigene Existenz zusammensetzen. Deshalb sind wir dazu berufen, zu leuchten und zu strahlen. Und wir werden leuchten und strahlen.

Anmerkungen

* Diese Erzählung findet sich auch im inzwischen vergriffenen Buch: Haus aus Himmel und Erde. Erzählungen der brasilianischen Urvölker. Gesammelt von Leonardo Boff, Düsseldorf (Patmos) 2003, 74–78.

[1] Joaquim Machado de Assis, Dom Casmurro. Roman, Frankfurt a.M. 1980, 30–31.

[2] Ein Tanz afrikanischen Ursprungs, besonders im Bundesstaat Pernambuco im Nordosten Brasiliens beheimatet.

[3] Rudolf Höß, Kommandant in Auschwitz. Autobiographische Aufzeichnungen, München 1958, 127–128.

[4] Vgl. dazu Leonardo Boff, Der Adler und das Huhn. Wie der Mensch Mensch wird, Düsseldorf 1998.

[5] Johannes vom Kreuz, Geistlicher Gesang (Sämtliche Werke in fünf Bänden, Bd. IV), hg. und übersetzt von P. Aloysius ab Immaculata Conceptione, München 1952, 11.

[6] Diese beiden Gedichte konnten nicht in deutscher Übersetzung gefunden werden. Zu Rumi vgl. vor allem: Maulana Dchelaladdin Rumi, Von Allem und vom Einen. Aus dem Persischen und Arabischen von Annemarie Schimmel, München 1988.

[7] Die schönsten Gedichte von Friedrich Nietzsche, Zürich 2000, 1–12.

[8] Übersetzung dem Internet entnommen: www.newaeon.de; zu William Blake ist auf Deutsch besonders zu empfehlen: William Blake, Zwischen Feuer und Feuer. Poetische Werke, München 2007.

[9] Vgl. neben Blochs Hauptwerk, Das Prinzip Hoffnung, 3 Bde., Frankfurt a.M. 1959, insbesondere auch ders., Atheismus im Christentum. Zur Religion des Exodus und des Reiches, Frankfurt a.M. 1980.

[10] Dalai Lama, Das Buch der Menschlichkeit. Eine neue Ethik für unsere Zeit, Bergisch Gladbach 2000.

[11] Dalai Lama, Das Buch der Menschlichkeit, a.a.O., 42. Den Begriff *kun long* erklärt der Dalai Lama selbst folgendermaßen:

„Wörtlich übersetzt bedeutet *kun* ‚gründlich' oder ‚aus der Tiefe', und *long (wa)* bezeichnet den Vorgang, etwas erstehen, aufstehen oder erwachen zu lassen. Doch in dem Sinn, in dem es hier verwendet wird, bezeichnet kun long das, was gewissermaßen unsere Handlungen antreibt oder inspiriert, und zwar sowohl jene, die direkt beabsichtigt sind, als auch die, die in gewisser Weise unabsichtlich geschehen. Daher umfasst dieser Ausdruck die Einheit des Menschen in Herz und Geist. Wenn diese gesund ist und uns zugutekommt, sind folglich auch unsere Handlungen (ethisch gesehen) gesund und anderen zuträglich" (a.a.O., 39f.).

12 Johannes vom Kreuz, Geistlicher Gesang (Sämtliche Werke in fünf Bänden, Bd. IV), hg. und übersetzt von P. Aloysius ab Immaculata Conceptione, München 1952, 11.

13 Teresa von Avila, Gedanken zum Hohenlied, Gedichte und kleinere Schriften (Gesammelte Werde, Bd. 3), hg., übersetzt und eingeleitet von Ulrich Dobhan und Elisabeth Peeters, Freiburg i.Br. 2004, 335.

14 Johannes vom Kreuz, Geistliches Lied, a.a.O., 7.

15 Vgl. Pierre Teilhard de Chardin, Der göttliche Bereich. Ein Entwurf des inneren Lebens, Olten 1962 (französischer Originaltitel: Le milieu divin).

16 Tschuang-tse, Der Mann des Tao und andere Geschichten. Übertragen von Thomas Merton, München 2005, 131–132.

17 Die folgenden Zitate paraphrasieren vor allem aus den Kapiteln 38 bis 42 des Buches Ijob.

18 Carl Gustav Jung, Psychologie und Religion, München 1991, 119.

19 Richard Dawkins, Der Gotteswahn, Berlin 2008.

20 Deutsche Übersetzung: Francis Collin, Gott und die Gene, Gütersloh 2007.

21 Blaise Pascal, Pensée, Fragment 277.

22 Edward O. Wilson, The Creation. An Appeal to Save Life on Earth, 2007. Auf Deutsch wurde das Buch leider nicht übersetzt. Von Wilson ist auf Deutsch erhältlich: Die Zukunft des Lebens, Berlin 2002.

23 Vgl. Daniel Goleman, Emotionale Intelligenz, EQ, München 1997.

24 Vgl. Danah Zohar/Ian Marshall, SQ, Spirituelle Intelligenz, Bern 2001.

25 Paul Tillich, Die verlorene Dimension: Not und Hoffnung unserer Zeit, Hamburg 1964.

26 Zürich 2004; vgl. auch Henry David Thoreau, Über die Pflicht zum Ungehorsam gegen den Staat, Zürich 2004.

27 Eric Hobsbawm, Das Zeitalter der Extreme. Weltgeschichte des 20. Jahrhunderts, München 1998, 720.

28 Vgl. dazu Harvey Cox, Stadt ohne Gott, Stuttgart 1967, 265.

29 Ökumenische Initiative Eine Welt/Bund für Umwelt und Naturschutz Deutschland (Hg.), Die Erdcharta, Diemelstadt-Wethen 2001, 7–8.

Spirituelle Impulse

Anthony de Mello
Die Fesseln lösen
Einübung in erfülltes Leben
HERDER spektrum Band 6433
Auf unverwechselbare Weise erschließt Anthony de Mello, was befreites Leben bedeutet: Achtzehn praktische Meditationsübungen laden dazu ein, Schritt für Schritt ein erfüllte res Leben zu finden.

Henri Nouwen
Leben hier und jetzt
Jahreslesebuch
HERDER spektrum Band 6396
Die täglichen Impulse von Henri Nouwen umgreifen das ganze Spektrum unseres Lebens. Sein Ziel: im Unscheinbaren des Augenblicks die Gegenwart des Göttlichen entdecken.

Sich öffnen für den Augenblick
Mystik im Alltag
Hg. von Michaela Diers
HERDER spektrum Band 7143
Alte und neue mystische Texte beleuchten Momente, in denen das Leben durchsichtig wird für das, was sich unter der Oberfläche von Hektik und Routine befindet, und bringen zum Ausdruck, was eigentlich unsagbar ist.

Wilhelm Bruners
Wie Jesus glauben lernte
HERDER spektrum Band 6547
Wilhelm Bruners Jesus-Buch eröffnet eine packende Sicht auf den Menschen Jesus. Die befreiende Botschaft des Buches: Der Glaube des Gottessohnes »fiel nicht vom Himmel«.

David Steindl-Rast
Credo
HERDER spektrum Band 7116
Das apostolische Credo ist die älteste erhaltene Zusammenfassung des christlichen Glaubens. Steindl-Rast befragt jeden Satz genau und enthüllt dabei eine universelle Botschaft.

Schätze für die Seele

Monika Gruhl

Das Enneagramm – Strategien für die eigene Entwicklung

HERDER spektrum Band 6536

Enneagramm ist ein Persönlichkeitsmodell, das neun Persönlichkeitsstile oder Charaktermuster unterscheidet. Monika Gruhl macht die Entwicklungspotenziale der einzelnen Stile und die dynamischen Verbindungen zwischen ihnen deutlich.

Notker Wolf

Die sieben Säulen des Glücks

Tugenden für das Leben

HERDER spektrum Band 6399

Ein Klassiker, der seit 1500 Jahren wunderbare Weisheiten bereithält: die Regel des Benedikt. Abtprimas Notker Wolf erzählt von seinen Erfahrungen mit den Tugenden: Tapferkeit, Gerechtigkeit, Klugheit, Maß, Glaube, Liebe, Hoffnung.

Clemens Sedmak

Geglücktes Leben

Was ich meinen Kindern ans Herz legen will

HERDER spektrum Band 6367

Ein kurzweilig zu lesendes Buch zur Wertedebatte aus der Sicht eines renommierten Wissenschaftlers und Vaters. Für alle, die die Frage bewegt: Was will ich eigentlich meinen Kindern weitergeben?

Schätze für die Seele

Das Inspirationsbuch

Hg. von Gabriele Hartlieb

HERDER spektrum Band 6524

Viel ist im vergangenen Jahr über materielle Besitztümer gesprochen worden. Dabei liegen die wahren Schätze nicht auf der Bank. Dieses Buch soll ein Ansporn sein, sich auf Schatzsuche zu begeben und all die Dinge zu finden, die wirklich wichtig sind.

Zeit für die Seele

Augenblicke voll Freude

Hg. von Sylvia Müller und Ulrich Sander

HERDER spektrum Band 7141

Die bekannten Autorinnen und Autoren dieses Bandes helfen, dem Leben abzulauschen, was für jede und jeden »an der Zeit« ist.

HERDER